罪证

侵华日军遗留档案

萨 苏 · 主编

五洲传播出版社

图书在版编目（C I P）数据
罪证——侵华日军遗留档案 / 萨苏主编 . -- 北京 : 五洲传播出版社 , 2014.9
ISBN 978-7-5085-2750-5
Ⅰ . ①罪… Ⅱ . ①萨… Ⅲ . ①侵华日军 - 侵华事件 - 史料 - 图集 Ⅳ . ① K265.606-64
中国版本图书馆 CIP 数据核字（2014）第 089893 号

罪证——侵华日军遗留档案

主　　编：萨 苏
责任编辑：高 磊
档案提供：吉林省档案馆
图片提供：萨 苏 中新社
装帧设计：北京正视文化艺术有限责任公司
出版发行：五洲传播出版社
地　　址：北京市海淀区北三环中路 31 号生产力大楼 B 座 7 层
邮　　编：100088
电　　话：010-82005927，82007837
网　　址：www.cicc.org.cn
承 印 者：北京光之彩印刷有限公司
版　　次：2014 年 9 月第 1 版第 1 次印刷
开　　本：889 × 1194mm 1/16
印　　张：12.5
字　　数：100 千
定　　价：68.00 元

CONTENTS 目录

PREFACE 前言

2014年初，吉林省档案馆发掘整理出一批侵华日军遗留档案，这一消息通过新华社向全国和全世界作了报道。这为日本侵略者的滔天罪行增添了最新证据，是对日本右翼势力罔顾人类良知、公然否定历史的有力回击。

1945年8月15日日本宣布投降后，驻守长春的关东军宪兵队开始匆忙销毁宪兵司令部存留的侵华14年积累的档案材料，这一行动持续了好几天。但由于苏联红军逼近，日军未来得及彻底焚毁，仓皇间便将未烧尽的档案埋入地下。1950年，吉林省在建筑施工时发现了这些残破的档案，省公安厅接收并组织整理了这部分档案，1982年移交给吉林省档案馆。这些劫后余生的侵华日军档案很多已是残片，但就是在这些残破的档案里，仍保留着侵略者血腥残暴的累累罪证。

从2012年开始，吉林省档案馆组织人力资源对这些档案进行系统翻译、解读，专门成立了南京大屠杀、慰安妇、731部队以及强征劳工等14个课题组。随着翻译、解读工作一步步推进，日本侵略者的一条条罪行也浮出水面。

新发掘日本侵华档案内容丰富、严密有序。这批档案主要来源于关东宪兵队档案全宗，全部为日文书写，主要有报告、规定、信件、月报、要报、电话记录、民情调查、动态观察、调查表等文本记录，还有一些图片资料。档案内容涉及经济、政治、军事、交通等方面，区域涉及中国华中、华北、东北，以及东南亚等地。档案从内容到形式、从记事到行文都比较规范、严密、有序，如《通信检阅月报》

详细记录了信件的时间、发信人、收信人、信件内容摘要、具体处置意见等，较为完整翔实。

新发掘日本侵华档案具有特殊价值。这批档案是日本在侵华过程中自己形成的，真实记录了日本侵华的各种活动。多数档案属于第一手史料，相当一部分具有原始性、唯一性和不可替代性。经过比对、考证、研究，将这些档案记载的时间、地点、人物、事件联系起来，就能够还原出一段日本侵华历史。仅 1937 年到 1944 年的《邮政检阅月报》就有 217 卷，内容涉及日军动向、军队设施、军事工程状况、抓劳工修筑军事工程等，并记述了强奸妇女、虐杀儿童等罪行。

值得注意的是，档案中显示侵华期间日军曾多次在新京（长春）举行靖国神社参拜活动，地点选在“忠灵塔”。其中一份由梅津美治郎签署的《关于靖国神社临时大祭仪式之件报告》中，规定于 1943 年 4 月 25 日 10 点 15 分在新京“忠灵塔”为战死英灵举行参拜仪式，并附有参拜细节，具体包括参拜时的服装、队列、枪械等规定。

本书选取了部分关东军宪兵司令部档案残页，以日本人自己留下的档案说话，以期让世人更加认清日本军国主义和右翼势力的真实面目。长期致力于抗战史料研究的旅日作家萨苏先生结合档案内容，为本书配发了大量珍贵的图片，并精心撰写了图片说明。这些图片及其说明，与档案中的只言片语连接成一个个真实的历史故事，使侵略者的罪证得以以更加丰富、直观的形式展现出来。

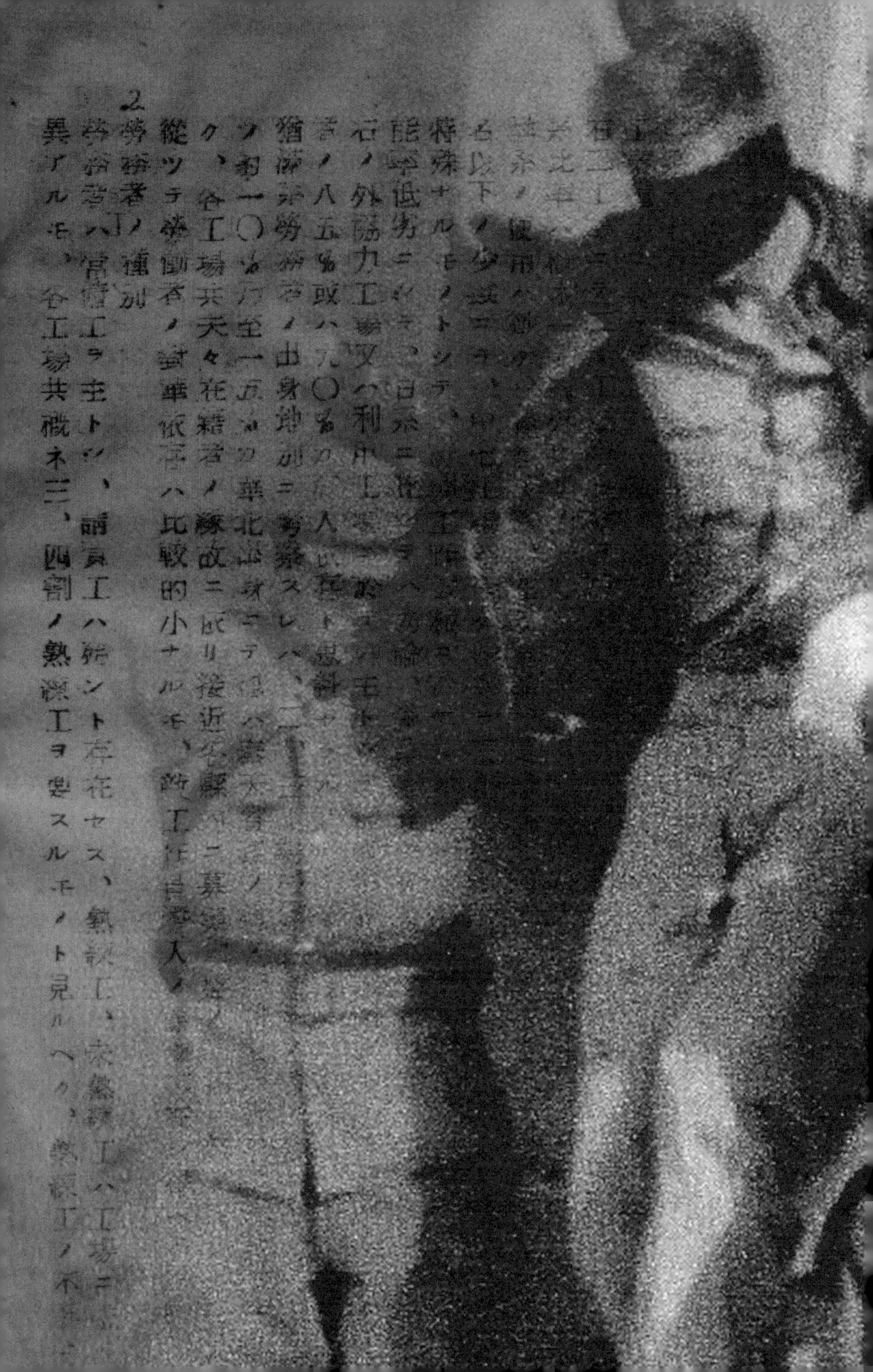

[illegible]

[illegible]北[illegible]

[illegible]系ノ使用ハ[illegible]

名以下ノ少数ニシテ[illegible]

特殊ナルモノトシテ、[illegible]

能率低劣ニシテ日系ニ[illegible]

右ノ外協力工場又ハ利用工場ニ[illegible]モトシ[illegible]

者ノ八五%或ハ九〇%カ[illegible]人ト[illegible]見込ナル[illegible]

猶満系労務者ノ出身地別ニ考察スレハ、二[illegible]

ノ約一〇%乃至一五%カ華北出身ニテ[illegible]

ク、各工場共夫々在籍者ノ縁故ニ依リ接近各県ニ募集[illegible]

従ツテ労働者ノ対華依存ハ比較的小ナルモ、熟練工[illegible]人ノ[illegible]

2 労務者ノ種別

労務者ハ常傭工ヲ主トシ、臨時工ハ殆ント存在セス、熟練工、未熟練工ハ工場ニ[illegible]

異ナルモ、各工場共概ネ三、四割ノ熟練工ヲ要スルモノト見ルヘク、熟練工ノ不[illegible]

01
盟军战俘

01 盟军战俘

1941年12月8日，日军偷袭美国军事重地珍珠港，太平洋战争全面爆发。随后，日军在短短的五个月内，横扫东南亚，俘虏盟军近20万人。为了关押这些盟军战俘，日军在其占领下的菲律宾、马来亚、新加坡、缅甸、泰国、威克岛、爪哇、朝鲜和中国的沈阳、上海、潍坊、台湾、香港以及日本本土等12个国家和地区共设立了115处关押盟军及盟国侨民的集中营，其中包括日本称谓的“收容所”、“分所支所”、“派遣所”、“刑务所”、“俘虏所”等。沈阳二战盟军战俘营是其中关押盟军军衔最高、遗址保留最完整的战俘营。

沈阳盟军战俘营成立于1942年11月11日，战俘最初关押在奉天北郊的北大营院内，1943年7月29日转押到新战俘营，即现存的沈阳二战盟军战俘营旧址。1944年10月14日，日军又在伪四平省郑家屯（今吉林省双辽市）设立了奉天俘虏收容所第一分所，用以关押盟军战俘中的将校级军官。1944年12月1日，又将关押在郑家屯的温赖特等高级将领转押到伪四平省西安县（今吉林省辽源市），设立奉天俘虏收容所第二分所。

战后，美国国家档案馆解密了一批与盟军战俘相关的历史文档，其中就有沈阳二战盟军战俘营名册。根据1945年1月的名册整理，日军在“奉天俘虏收容所”及其第一、第二分所共关押美国、英国、澳大利亚、荷兰、加拿大、新西兰等盟国战俘2018人，校级以上军官523人，其中准将以上军衔76人。其中奉天俘虏收容所第一、第二分所，即郑家屯战俘营和西安战俘营，先后关押了整个太平洋战争期间日军俘虏的绝大多数盟军高级将领。这其中就包括美国陆军的乔纳森·温赖特中将、爱德华·金少将和乔治·摩尔少将；英国陆军的阿瑟·帕西瓦尔中将；荷兰的普鲁顿中将；香港总督杨慕琦、英属海峡殖民地总督汤姆斯、荷属东印度总督斯塔夏沃尔等盟军高级将领和殖民政府首脑。

1942年11月11日，盟军战俘经过艰苦的长途跋涉抵达沈阳，短暂的休息后，就投入到各种繁重的劳动中。战俘的劳役大致分为三种：一是直属劳役，二是派遣劳役，三是营区劳役。

直属劳役：战俘最早投入工作的场所就是直属劳役区——满洲工作机械株式会社，该社原址为奉天市大东区珠林街二段（今沈阳市大东区滂江街28号），是日本占领沈阳后兴建的重型工厂之一。"满洲工作机械株式会社"内设有专门的"俘虏劳务科"管理战俘劳役问题。

派遣劳役：日军除了安排战俘每日到"满洲工作机械株式会社"劳役，1944年又先后设立了三个派遣所。由于三个派遣所距离沈阳盟军战俘营大约有5到10英里的距离，而且这些工厂又不归奉天战俘营管辖，因此被派到派遣所工作的战俘都吃住在派遣所，只有在去医院治疗或关禁闭的时候才能回战俘营。

营区劳役：一方面由于战俘营中日本看守人数不多，一些公共事务就需要战俘自己完成，另一方面一部分战俘军官不从事工厂劳役，这就使得一些战俘留在战俘营中从事一些例如厨房、勤杂、值班、清扫、理发、养殖等日常工作，有时还要从事土建、搬运等临时工作。

盟军战俘自东南亚战场上被俘后，无论在战俘转移行军的路上，还是在战俘营中，都遭受着日军各种各样的折磨，战俘们吃不饱、穿不暖，缺医少药，生存条件恶劣。在抵达釜山之前，就相继有战俘因为痢疾、疟疾、脚气、肺炎等疾病死去。从1942年11月11日第一批美军战俘到达沈阳，至1945年9月11日战俘营解放，共有248名盟军战俘死在这里。

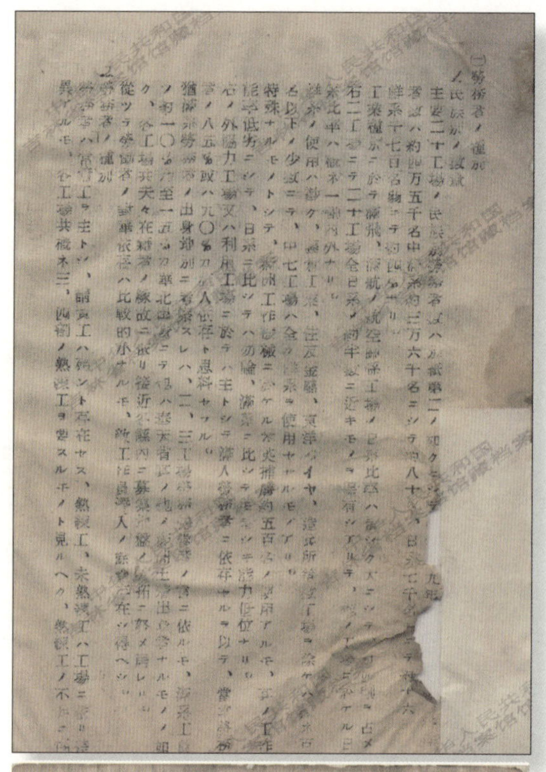

一、労務者ノ種別
イ、民族別ノ試算
主要二十工場ノ民族別労務者数ハ別紙第二ノ如クニシテ[illegible]九千
[illegible]約四万五千名中満系約三万六千名ニシテ約八十%、日系七千名[illegible]ニテ約十六
%、鮮系千七百名ニテ約四%ナリ。[illegible]
工業種別ニ於テ満飛、満航ノ航空部系工場ノ日系比率ハ著シク大ニシテ[illegible]ヲ占メ
右二工場ニテ二十工場全日系ノ約半数ニ近キモノヲ保有シアルモ、他ノ工場ニ於ケル日
系比率ハ概ネ一割内外ナリ。
鮮系ノ使用ハ甚ダ少ク、満洲工業、住友金属、東洋タイヤ、造兵所等ノ工場ニ[illegible]
名以下ノ少数ニテ、中七工場ハ全ク鮮系ヲ使用セザルモノアリ。
特殊ナルモノトシテ、満洲工作機械ニ於ケル米英俘虜約五百名ノ使用アルモ、其ノ工作
能率低劣ニシテ、日系ニ比シテハ勿論、満系ニ比シテモ尚ホ著シク劣位ナリ。
右ノ外協力工場又ハ利用工場ニ於テハ主トシテ満人労務者ニ依存セルヲ以テ、當該[illegible]
者ノ八五%或ハ九〇%ガ満人依存ト思料セラル。
猶満系労務者ノ出身別ニ若干スレバ、二、三工場ノ[illegible]ニ依ルモ、満系工[illegible]
ノ約一〇%乃至一五%ガ華北出身ニシテ、他ハ奉天省[illegible]出身ナルモノノ如
ク、各工場共夫々[illegible]ノ縁故ニ依リ附近ノ県内ニ募集[illegible]ニ努メ居レリ。
従ツテ労務者ノ華北依存ハ比較的小ナルモ、熟練工[illegible]人ノ[illegible]在シ得ヘシ。
ロ、労務者ノ種別
労務者ハ常傭工ヲ主トシ、請負工ハ殆ント存在セス、熟練工、未熟練工ハ工場ニ依リ
異ナルモ、各工場共概ネ三、四割ノ熟練工ヲ要スルモノト見ルヘク、熟練工ノ不[illegible]

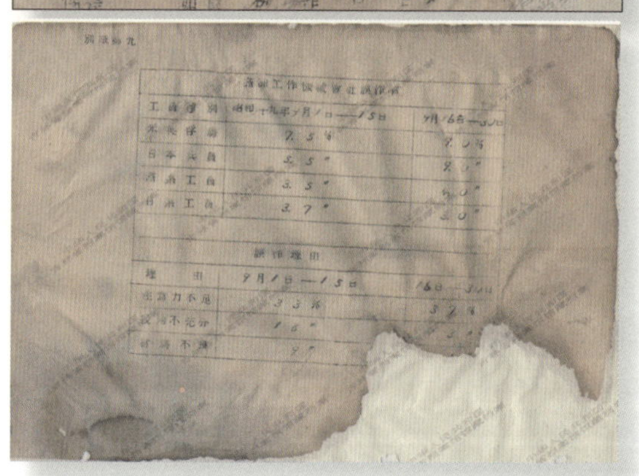

別表第九

[illegible]

工員種別	昭和十九年9月1日—15日	9月16日—30日
米英俘虜	2.5%	[illegible]
日本[illegible]	5.5 〃	[illegible]
満系工員	3.5 〃	[illegible]
[illegible]工員	3.7 〃	[illegible]

欠勤理由

理由	9月1日—15日	16日—30日
[illegible]力不足	33%	3[illegible]
[illegible]不充分	16 〃	[illegible]
[illegible]不[illegible]	9 〃	[illegible]

奉天地区劳务动态观察报告

记录了英美俘虏与日系、满系就劳工人的劳动效率对比，特别指出英美俘虏劳动效率低下。

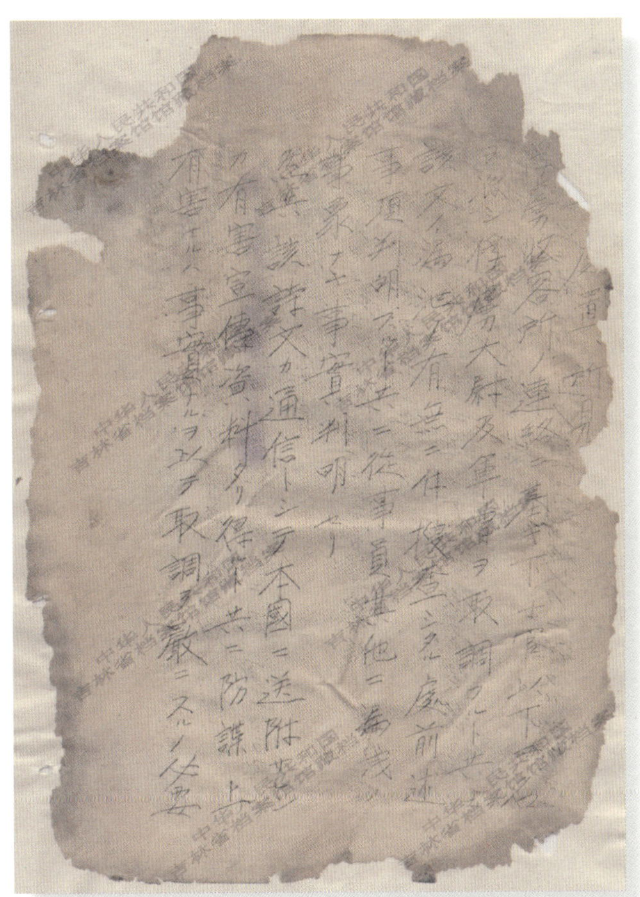

关于发现处置俘虏将校之防谍上有害手记之件的报告

奉天宪兵队队长报告给关东宪兵队司令官的《关于发现处置俘虏将校之防谍上有害手记之件的报告》，昭和十九年（1944年）2月5日，记载了奉天战俘营当时的俘虏数量为1200人，以及俘虏区别待遇的情况。此事缘起英国战俘霍恩·罗伯特的一首记录自己对俘虏待遇的观察及感受的诗作被日军发现，日军认为该诗文“可作为有害之宣传资料，在防谍方面有害处”，将之没收，并对罗伯特进行了审讯。

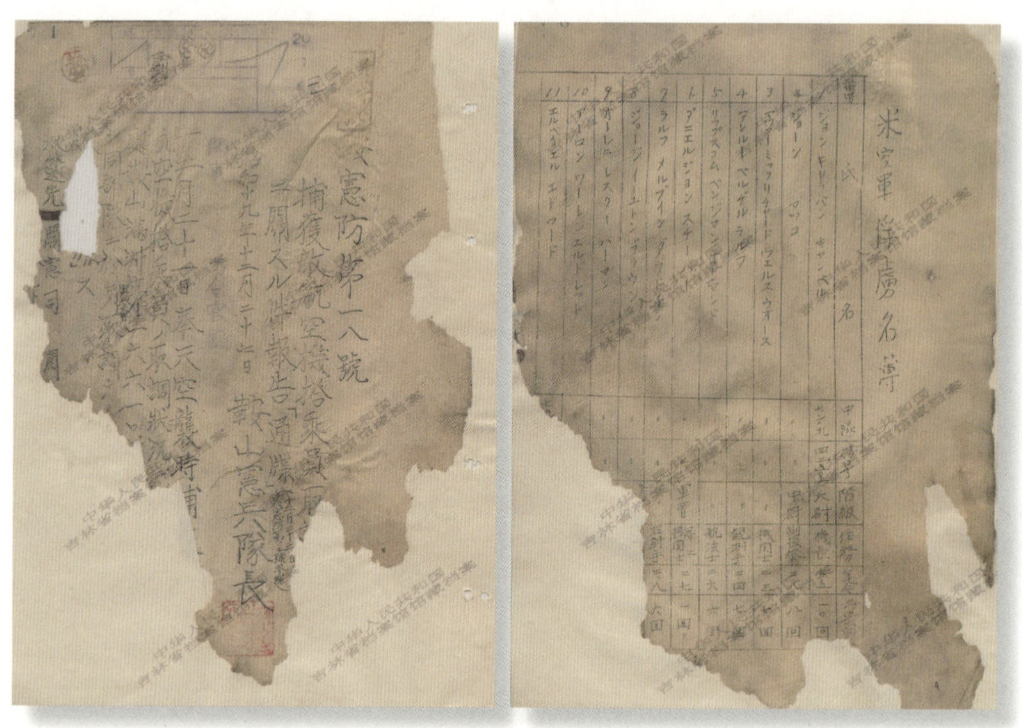

关于捕获敌航空机搭乘员的通报

鞍山宪兵队长《关于捕获敌航空机搭乘员之件通报"通牒"》，昭和十九年（1944 年）12 月 27 日，记载了击落 B-29 轰炸机后捕获的美军俘虏名单以及审讯记录。

中国东北地区日军最主要的战俘营
——奉天俘虏收容所

照片来源：私人收藏

奉天俘虏收容所大门。

照片来源：私人收藏

奉天俘虏收容所的日军管理人员。在他们手中，第一个冬天就有超过 250 名盟军战俘在收容所中死去。后排左侧第一人为所长松田元治大佐，战后，此人于 1946 年 9 月 16 日被美军上海军事法庭以虐待战俘罪判处有期徒刑 7 年。

照片来源：私人收藏

奉天俘虏收容所中战俘佩戴的标识牌。

照片来源：美国老兵汤姆森家族

尽管战后发现战俘营中有种种违反人道的严重罪行，但日军在战时却强迫盟军战俘在摄像机前表达对其感激之情。

盟军战俘被强制劳动的伪满工具机械厂。前述档案中写诗反映囚禁生活而被日军处罚的英军罗伯特上尉就被强制在这里劳动。

照片来源：私人收藏

Crew members of B-29 "Superfortresses" after liberation from Japanese internment camp at Mukden, Manchuria on 1 September 1945. Back row, left to right:
Olen L. Hermann, LeGrande, Oregon; Daniel J. Stieber, Schyboygon, Wisconsin;
John C. Campbell, Eastover, South Carolina; Benjamin O. Lipscomb, Portland, Oregon;
George (NMI) Matsko, Swissvale, Pennsylvania; Richard E. McCormick, Mifflintown, Pennsylvania;
Arnold G. Pope, Beaumont, Texas; Virgil R. Unruh, McPhearson, Kansas;
Front row, left to right:
George W. Brown; Kenneth A. Beckwith, Portland, Maine; Ralph M. Davidson, Moose Lake, Minn.;
Aaron W. Eldred, Oronaga, Missouri; Elbert L. Edwards, Columbus, Ohio; Walter E. Huss, Ohio.

奉天俘虏收容所中关押的盟军 B-29 轰炸机机组成员。他们在 1944 年 12 月执行轰炸鞍山、沈阳日军的“马特洪恩计划”中不幸因飞机被击中而被俘。前述档案中“关于捕获敌航空机搭乘员的通报”，正是日军审问该机组被俘成员的记录。

照片来源：美军二战档案

档案中发现的被俘 B-29 轰炸机机组人员，是从成都等基地起飞轰炸日本占领之鞍山钢铁厂等地时被击落的。图为盟军飞机轰炸鞍山。

日军押送被俘盟军飞行员。有些飞行员甚至被日军处以斩首。

照片来源：日本战时新闻

日军对盟军战俘颇多凌虐，这是在菲律宾被俘后被虐待致死的战俘之一。（注：此战俘并非死于奉天俘虏收容所）

照片来源：
麦克阿瑟基金会

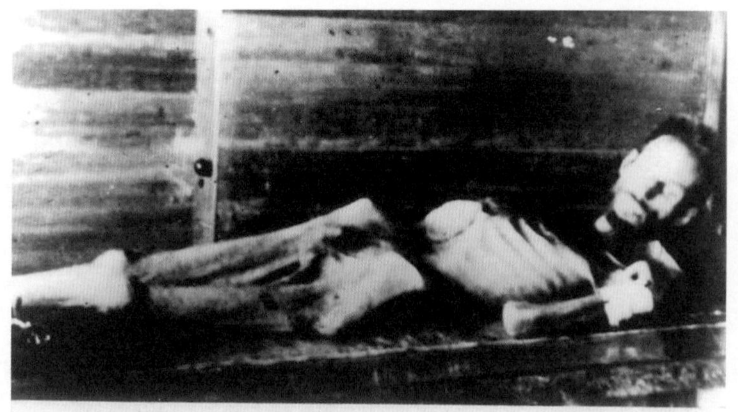

被关押在战俘营中的美国将领温赖特（右）和金，他们在中国东北的日军战俘营中度过了三年的艰难时光。太平洋战争爆发后，温赖特于1942年3月20日被晋升为陆军中将，成为驻菲美军总司令。5月6日，经过顽强抵抗后，他带领1.2万人向日军缴械。1945年9月2日，温赖特和英国的帕西瓦尔中将——两位军阶最高的盟军战俘在“密苏里”号战列舰上参加了日本投降签字仪式。

1945 年 8 月 16 日，美军营救先遣组空降沈阳，阻止了日军杀害战俘的计划。图为被从奉天俘虏收容所救出的部分盟军战俘，包括 Charles A. Cook 和 Kenneth L. Farmer 等。

照片来源：私人相册

1945 年 8 月 20 日，苏联红军解放沈阳，奉天俘虏收容所的盟军战俘获得自由。图为他们与苏军官兵的合影，一名美军战俘甚至手持苏联转盘冲锋枪。

照片来源：私人相册

日本投降后被从奉天俘虏收容所救出的盟军战俘一部，多带伤病。患病战俘随后被优先空运回国治疗。

照片来源：私人相册

盟军战俘被解救后召开庆祝大会的场景。墙上的幕布也是美军先遣组带来的，用于晚上放映电影。

照片来源：私人收藏

2007 年 5 月 21 日，10 位美国二战老兵来到沈阳二战盟军战俘集中营旧址。他们曾作为战俘被关押在这里。

天津隊	青島隊
六、二一	七、三
重慶　陳某	湖南省粵漢鐵路衡陽車房　文彬
天津佛租界教堂西五十八號路德蔭里四號　曾夢雲	青島市外李村南鄉東韓哥莊麥　王明德
六月五日重慶[illegible]劇日ハ空襲警報[illegible]ノ入防空隧道ニ避[illegible]シ不風器ガ破壞セラレタル爲[illegible]大氣ニ暑シク窒息セル者二萬五千[illegible]リ其後新聞紙ノ報道ニ依レ[illegible]百人ナリトシテハ[illegible]ノ動搖トスルナリ	現在生死ノ關頭ニ立ツテ居ル前進モ後退モ出來ナイ戰爭ハ何時迄續クカワカラヌ苦勞ハ增スバカリダ空襲警報ガアレバ直ク防空壕ニ走リ込ミ遠クヘ逃ケテ行クノデ空襲ハ決シテ危險ハナイ防空ニ就テハ大變經驗ヲ持ッテ居ル人ノ少ナイ安全ナ地ニ避難

02
残酷扫荡

02 残酷扫荡

1931年日本关东军制造"九一八事变"，侵占中国东北后，东北人民奋起反抗，开始了同日本侵略者长达14年的艰苦斗争。1936年初，在中国共产党的领导下，分散抗日的部分原东北军、中共抗日游击队、农民暴动武装、义勇军等开始组建成为东北抗日联军。到1937年"七七事变"时，已建成11个军，共30000余人。抗联各军在辽、吉、黑广阔的原野所进行的大规模游击战争，威胁着日伪统治，也有力地配合了全国抗战。

日本把"满洲"视为"生命线"。从1936年起，日军持续使用飞机、快速部队甚至毒气对东北抗联进行"大扫荡"。由于敌人"坚壁清野"，抗联战士经常几个月吃不到一粒粮食，只能以树皮草根充饥。一到冬天，零下三四十摄氏度的严寒，连根枯草都找不到，有时为了吃一顿饭要付出血的代价。

1939年秋，由于日寇的经济封锁和毁灭性"扫荡"，东北抗联损失极大，整个抗联部队只剩下2000余人。为保存实力，东北抗联在征得苏联同意后，将部分部队撤入苏联境内休整。其余部队仍在艰苦卓绝的环境中坚持抗战，其间，许多优秀的指战员壮烈牺牲，部队损失惨重。

吉林省档案馆整理出的关东军档案中，就有赵尚志、杨靖宇、徐泽民等烈士抗日活动和牺牲经过的纪录。

赵尚志，1908年生，辽宁朝阳人。1925年夏加入中国共产党，是东北地区最早的共产党员之一。北伐战争时期，他在东北地区组织和从事反帝反军阀的革命活动。"九一八事变"后被任命为中共满洲省委常委、军委书记。之后领导创建中共巴彦抗日游击队（中国工农红军36军独立师），后任东北反日游击队哈东支队司令、东北人民革命军第三军军长、东北抗日联军第三军军长、北满抗联总司令、东北抗日联军总司令、东北抗联第二路军副总指挥。1942年2月12日，在战斗中身负重伤后牺牲。

杨靖宇，原名马尚德，1905年生，河南确山人，鄂豫皖苏区及其红军的创始人之一，东北抗日联军的主要创建者和领导人之一。1929年，受中共中央之命到东北工作，历任东北人民革命军第一独立师师长兼政委、第一军军长兼政委，东北抗日联军第一

军军长兼政委，东北抗日联军第一路军总司令兼政委。1940 年 1 月，所率部队被关东军重兵围困，他组织部队分散突围。但因叛徒出卖，他所率的 60 多人被发现。2 月 23 日，杨靖宇在吉林省濛江县三道崴子战死。

徐泽民，1901 年生，辽宁铁岭人。1938 年 6 月参加东北抗日联军，1939 年加入中国共产党。1940 年 7 月，担任抗联第十二支队秘书、代理支队长职务。同年 11 月 6 日，十二支队一举攻克肇源县城。1941 年 1 月，徐泽民带领十二支队 40 多人与六支队联合行动，以庆城县凌云山为中心，神出鬼没地打击日伪军。1941 年 2 月 14 日，抗联第十二支队 50 人被日伪军包围在伪滨江省兰西县内，部队全部损失，徐泽民被捕，牺牲于狱中，时年 40 岁。

值得一提的是，这批档案中，还有甲级战犯东条英机 1935 年（当年刚调任关东军宪兵队司令官）发给关东宪兵队司令部的密级为“绝密”的《关东宪兵队冬季治安肃正计划》，主要内容为在长春、哈尔滨等城市及周边抓捕残余的抗日武装人员，阻断粮食、道路、武器的补给渠道。

此外，还有甲级战犯南次郎（1934—1936 年任关东军司令官）签署的多份《关东军命令》，主要内容是对日军占领的东北地区的兵力配属进行变更，以及配备装甲列车及装甲轨道车，以便更好进行统治等。在他签署的另一份《满洲国治安肃正计划大纲》中，包括了肃正方针、兵团行动、宪警行动、回收民间枪械以及管理入满劳力等内容。

抗日烈火熊熊燃烧，百扑不灭。14 年里，抗联共歼灭日伪军 18 万人，牵制日伪军近百万人，表现了中华民族不畏强暴、英勇不屈的精神，有力地支援了全国抗日战争和世界反法西斯战争。

东北抗日联军所进行的抗日游击战争，其环境之艰苦，斗争之残酷，时间之长久，牺牲之壮烈，在中国革命史上是少有的。抗战胜利后，到东北主持工作的彭真曾深有感触地说，共产党 20 多年领导的革命斗争中，有三件最艰苦的事：长征、南方红军的 3 年游击战争、东北抗联的 14 年苦斗。

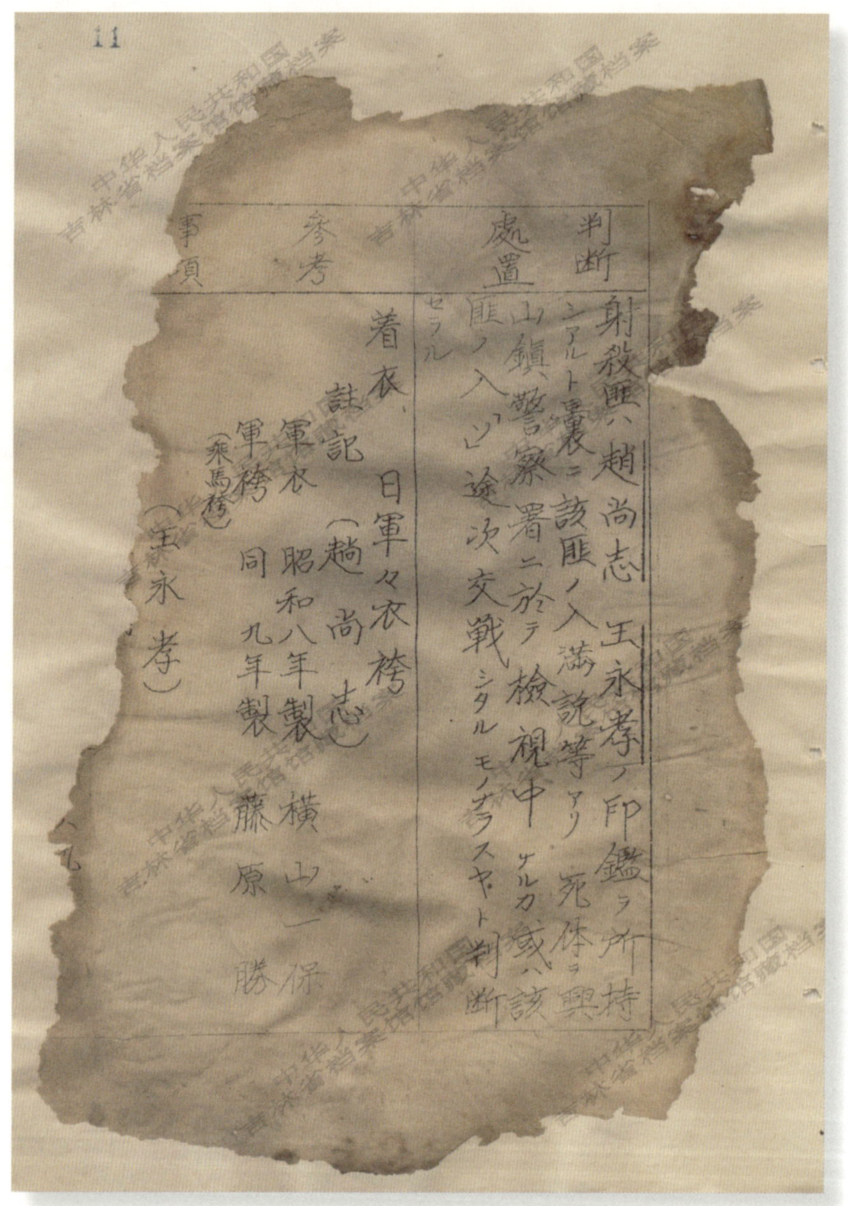

判断	射殺匪ハ趙尚志王永孝ノ印鑑ヲ所持シアルト書衣ニ該匪ノ入満説等アリ死体ヲ興山鎮警察署ニ於テ検視中ナルカ或ハ該匪ノ入ソ途次交戦シタルモノナラスヤト判断セラル
參考事項	着衣、日軍々衣袴 註記（趙尚志） 軍衣 昭和八年製 横山一保 軍袴（乗馬袴） 同九年製 藤原勝 （王永孝）

特周报（第五号）

佳木斯宪兵队长出口元明《特周报（第五号）》，昭和十七年（1942年）2月5日，记载了赵尚志被杀的经过。

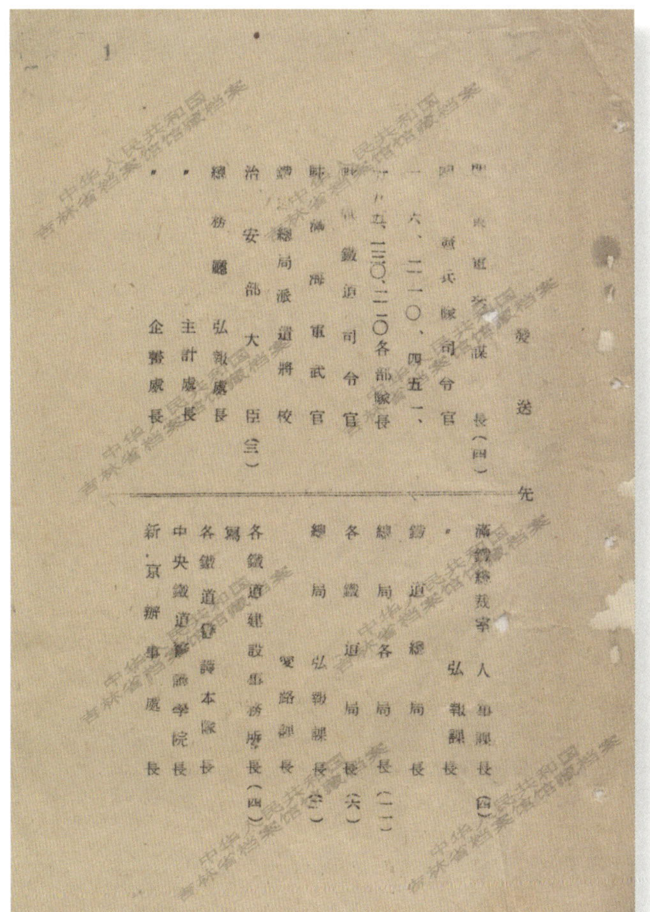

發送先

[illegible]軍參謀長（四）
[illegible]隊司令官
一六、二一〇、四五一、
一八五、三三〇、二二〇各部隊長
[illegible]鐵道司令官
駐滿海軍武官
鐵道總局派遣將校
治安部大臣（三）
總務廳弘報處長
〃主計處長
〃企劃處長

滿鐵總裁室人事課長（四）
〃弘報課長
鐵道總局長
總局各局長（二）
各鐵道局長（六）
總局弘報課長（三）
愛路課長
各鐵道建設事務所長（四）
寫
各鐵道警護本隊長
中央鐵道警護學院長
新京辦事處長

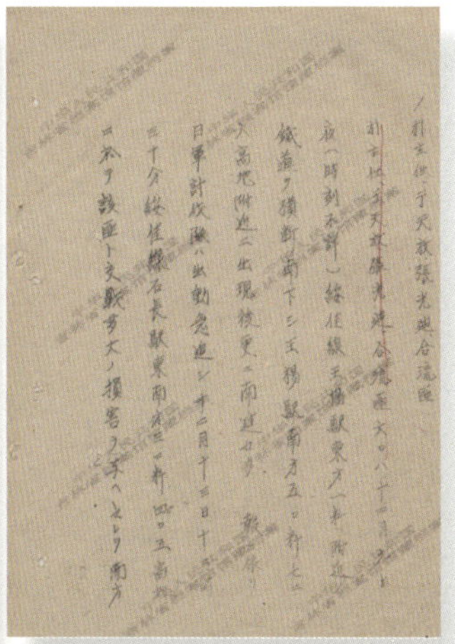

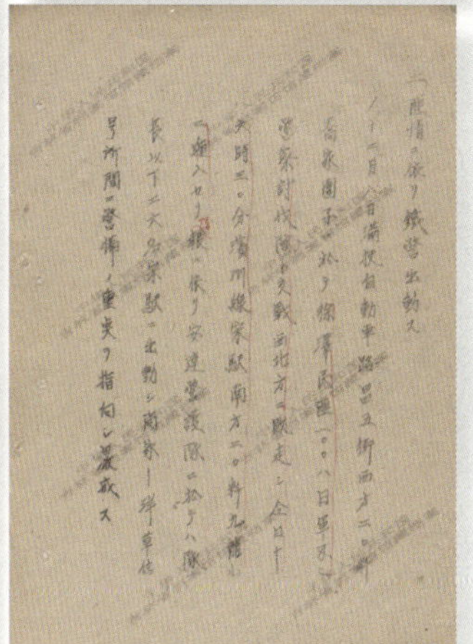

铁道沿线治安周报（第 48 号）

日军铁道警护总队总监部警备科《铁道沿线治安周报（第 48 号）》，1940 年 12 月 17 日，记载了抗联徐泽民、于天放、张光迪等部与日伪军交战的情况。

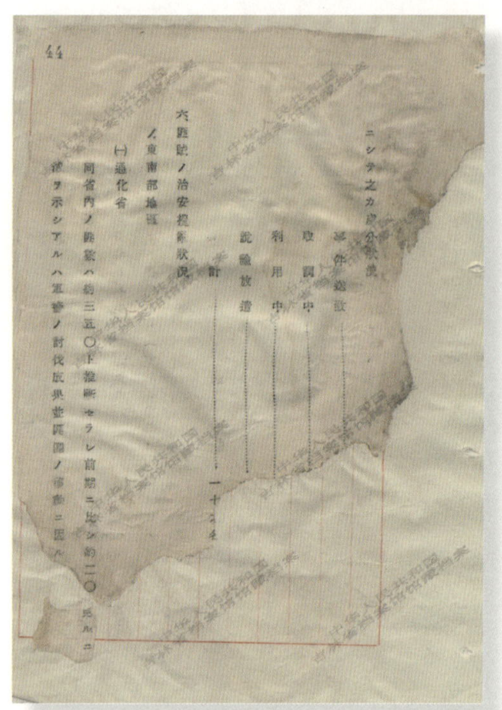

44

ニシテ之カ處分狀況
[illegible]件處[illegible]
取調中
利用中
說諭放遣
計　一十[illegible]

六、匪賊ノ治安攪亂狀況
ノ東南部地區
(一)通化省
同省内ノ匪數ハ約三五〇ト推斷セラレ前期ニ比シ約二〇[illegible]
徐々示シアルハ軍警ノ討伐成果並匪團ノ移動ニ因ル[illegible]

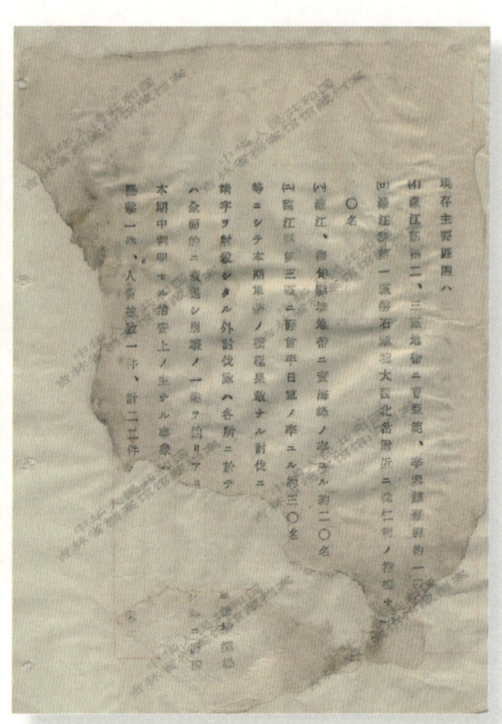

現存主要匪團ハ
(イ)濛江縣第二、三區地帶ニ曹亞範、[illegible]等匪約一二[illegible]
(ロ)濛江縣第一區保石磖子大區北岔附近ニ韓仁和ノ率[illegible]
〇名
(ハ)濛江、撫松縣境地帶ニ賓海濤ノ率ユル約二〇名
(ニ)臨江縣第三區ニ匪首平日昌ノ率ユル約三〇名
等ニシテ本期軍警ノ積極果敢ナル討伐ニ
靖宇ヲ射殺シタル外討伐隊ハ各所ニ於テ
ハ全面的ニ衰退シ崩壊ノ一途ヲ辿リア[illegible]
本期中判明セル治安上ノ主ナル事象ハ
襲擊一件、人質拉致一件、計二二件

思想对策月报

关东宪兵队《思想对策月报》，其中提到杨靖宇被射杀，以及曹亚范、韩仁和等部的活动情况。（曹亚范和韩仁和后分别于 1940 年 4 月和 1941 年 3 月牺牲——编者注）

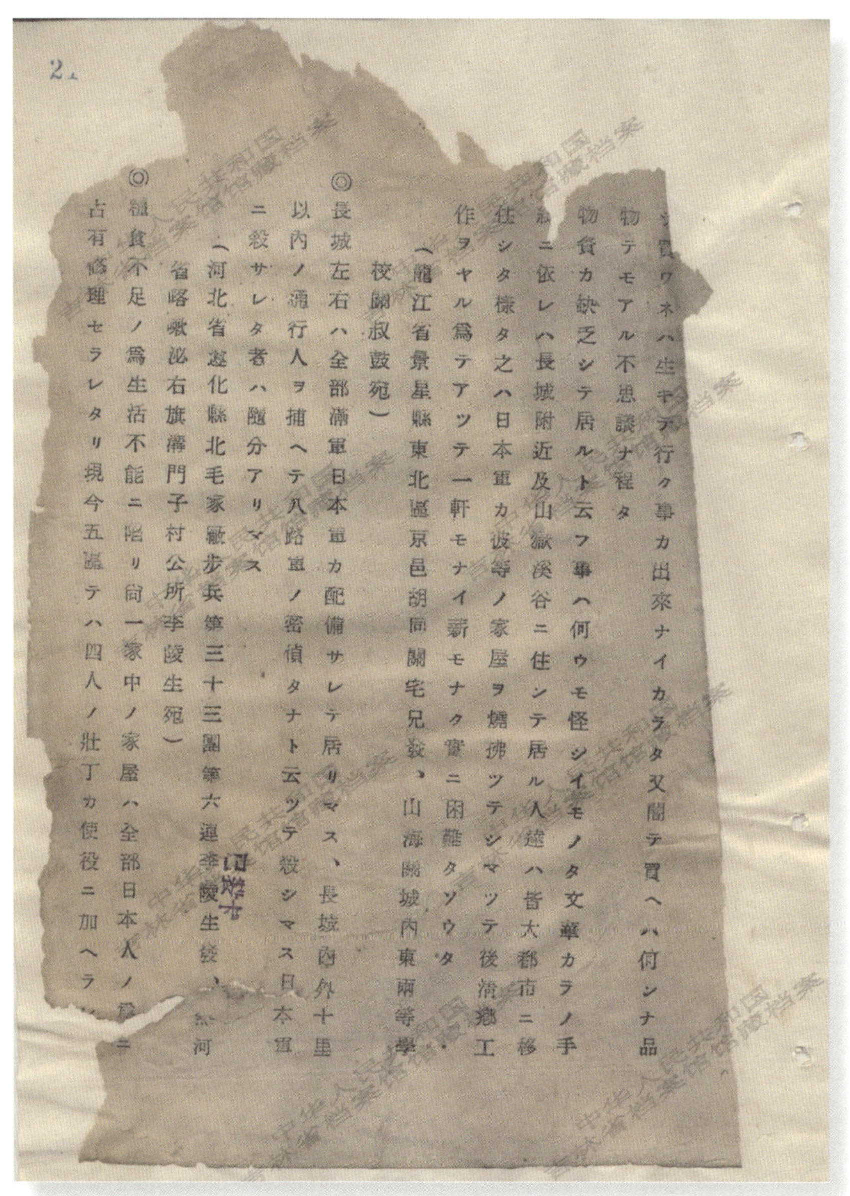

2.

…買ウネハ生キテ行ク事カ出來ナイカラ又闇テ買ヘハ何ンナ品
物テモアル不思議ナ程タ
物資カ缺乏シテ居ルト云フ事ハ何ウモ怪シイモノタ文華カラノ手
紙ニ依レハ長城附近及山嶽溪谷ニ住ンテ居ル人達ハ皆大都市ニ移
住シタ樣タ之ハ日本軍カ彼等ノ家屋ヲ燒拂ツテシマツテ後清郷工
作ヲヤル爲テアツテ一軒モナイ薪モナク實ニ困難タソウタ
（龍江省景星縣東北區京邑胡同關宅兄發、山海關城內東兩等學
校關叔鼓宛）

◎長城左右ハ全部滿軍日本軍カ配備サレテ居リマス、長城內外十里
以內ノ通行人ヲ捕ヘテ八路軍ノ密偵タナト云ツテ殺シマス日本軍
ニ殺サレタ者ハ隨分アリマス
（河北省遵化縣北毛家廠步兵第三十三團第六連李陵生發、熱河
省略嘅泌右旗擠門子村公所李陵生宛）

◎糧食不足ノ爲生活不能ニ陷リ尙一家中ノ家屋ハ全部日本人ノ爲ニ
占有修理セラレタリ現今五區テハ四人ノ壯丁カ使役ニ加ヘラ…

通信检阅月报（4月）

关东宪兵队司令部《通信检阅月报（4月）》，记录日军逮捕了长城内外十里以内通行的人，并说其是八路军的密探，很多人被杀死。

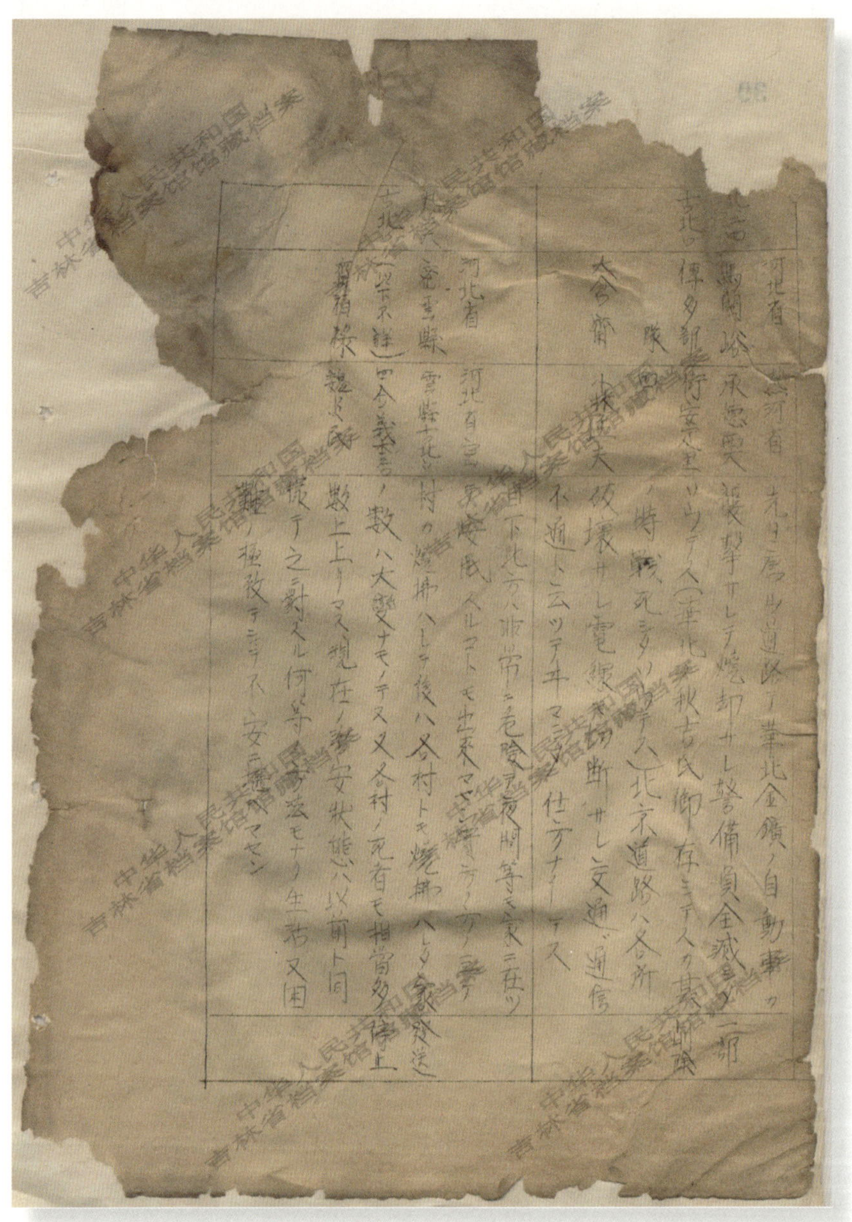

河北省 熱河省 [illegible]ヨリ道路デ華北金鑛ノ自動車ガ

古北口 馬蘭峪 承徳[illegible] 襲撃サレテ焼却サレ警備員全滅シ一部

古北口 [illegible]部 [illegible]安[illegible]ッテ居タ人(華北 秋吉氏御存ジテス)カ其ノ[illegible]

隊 [illegible]ノ特[illegible]死シタリ[illegible]テス)北京道路ハ各所

大[illegible] [illegible] 小林[illegible]大 破壊サレ電線[illegible]切断サレ交通ヤ通信

不通ト云ッテ井マシタ 仕方ナイテス

河北省 河北省[illegible]安民 [illegible]以下北方ハ非常ニ危険デ夜間等モ家ニ在ッ

密雲縣 密雲縣[illegible]村ノ焼却ハレテ後ハ各村トモ焼却ハレ[illegible]

古北口(以下不詳) [illegible]ノ数ハ大[illegible]ナモノテス又各村ノ死者モ相当多[illegible]

[illegible] 数上リマス現在ノ[illegible]安状態ハ以前ト同

[illegible]テ之ニ對スル何等ノ[illegible]モナク生[illegible]又困

[illegible]ノ極致テ[illegible]安ニ[illegible]マセン

思想对策月报

记载日伪讨伐队在河北省密云县（今属北京市）的镇压活动。其中提到密云县一村子被烧，死者数量直线上升。

日军刺杀抗联战士。

袭击京奉线重地新民屯的抗日义勇军战士被日军逮捕后惨遭杀害。

遗存档案中可以看到，日军在扫荡时非常重视铁道部门和相关部队。事实上，日军曾大量动用装甲列车进剿抗日力量，其在东北大肆修建铁路的目的之一便是将铁路作为分割抗日军民的工具。

抗联部队在突破敌铁道封锁线时战死官兵的遗体。从日伪档案残件可见徐泽民部1940年12月11日越过滨州铁路与日伪军交战的纪录，推测为1940年十二支队攻占肇源县城后不久发生的。

日军在破坏村寨房屋。档案记载，时人描述在长城内外部署的日伪军焚烧房屋，赶走居民。这是因为当时他们正在制造无人区，试图切断关内外抵抗力量的联系。

照片来源：《满洲国警察重要写真集成》

もう1つの三光作戦

長城沿いに「無人区」

村民を強制移住

日本軍の政策明るみに

1989 年日本《每日新闻》对当年日军在冀东等地惨无人道地建立无人区的报道。

1940 年 7 月，针对抗联第一路军的野副大讨伐作战期间，日军最高指挥官野副昌德少将在向关东军总司令梅津美治郎大将汇报作战情况。

照片来源：《野副三江大讨伐写真集》

如档案所述，日军对抗日武装的讨伐是多个单位共同进行的，因此其配合和情报共享十分重要。这是发起进攻前日军各部与伪满吉林省议会各大员共同进行情报交换的情景。

照片来源：《野副三江大讨伐写真集》

北满三江省 梧桐河金廠全景

赵尚志将军牺牲前最后活动的北满三江省梧桐河金厂地区。

照片来源：《第三十七联队写真集》

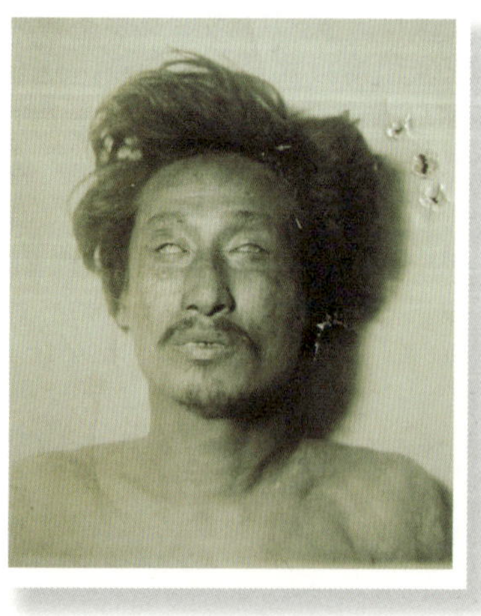

北满抗日联军总司令赵尚志将军牺牲时的遗照。

照片来源：日方档案

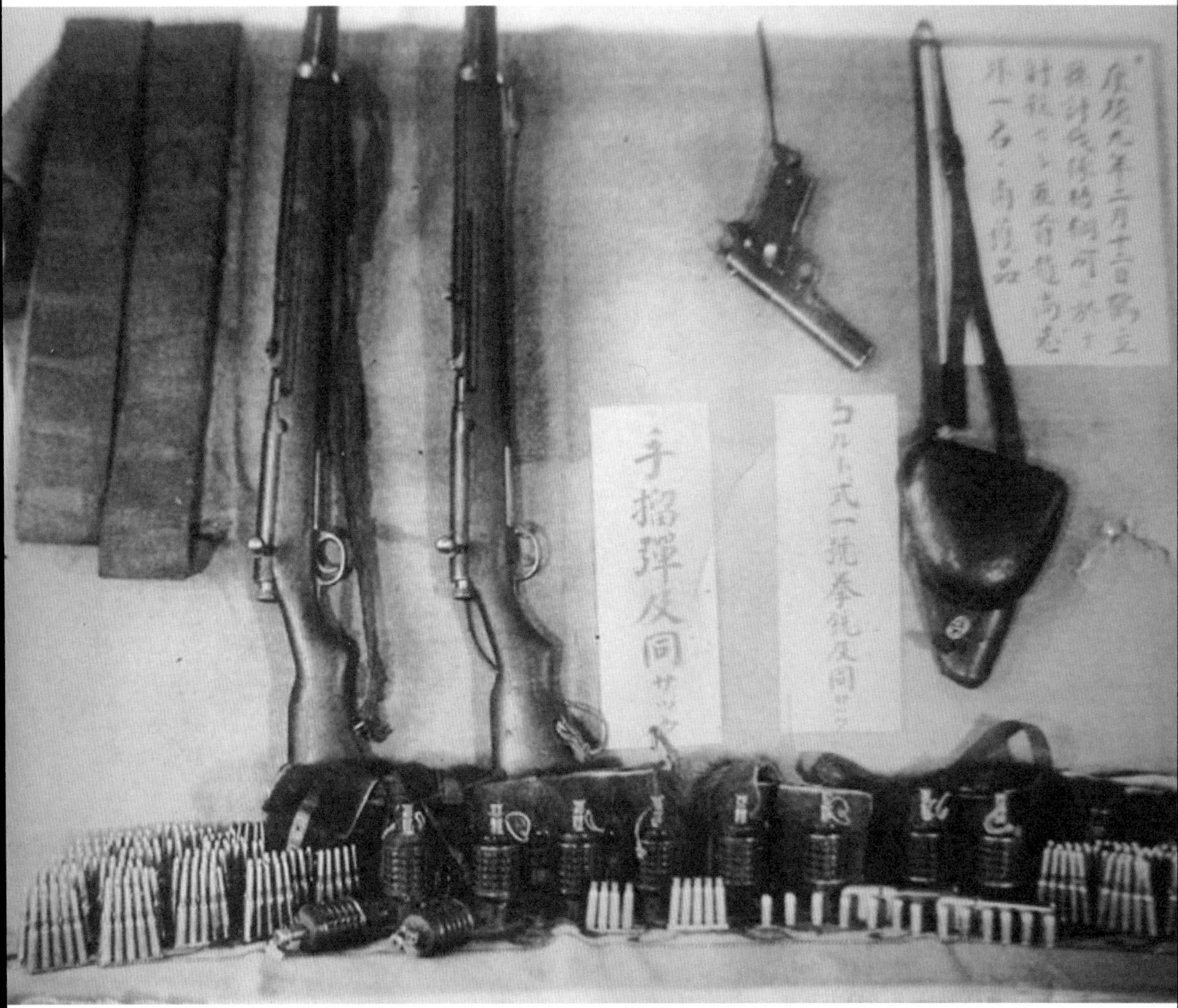

1942 年 2 月 12 日赵尚志将军在梧桐河金厂牺牲时其小分队携带的部分遗物。图中的手枪为赵尚志将军佩枪，他在最后时刻还用这支手枪击毙了一名日军特工 。

照片来源：日方档案

身着日军军服进行化妆侦察的抗联小分队。赵尚志将军牺牲时便是在执行这样的任务。

照片来源： 私人收藏

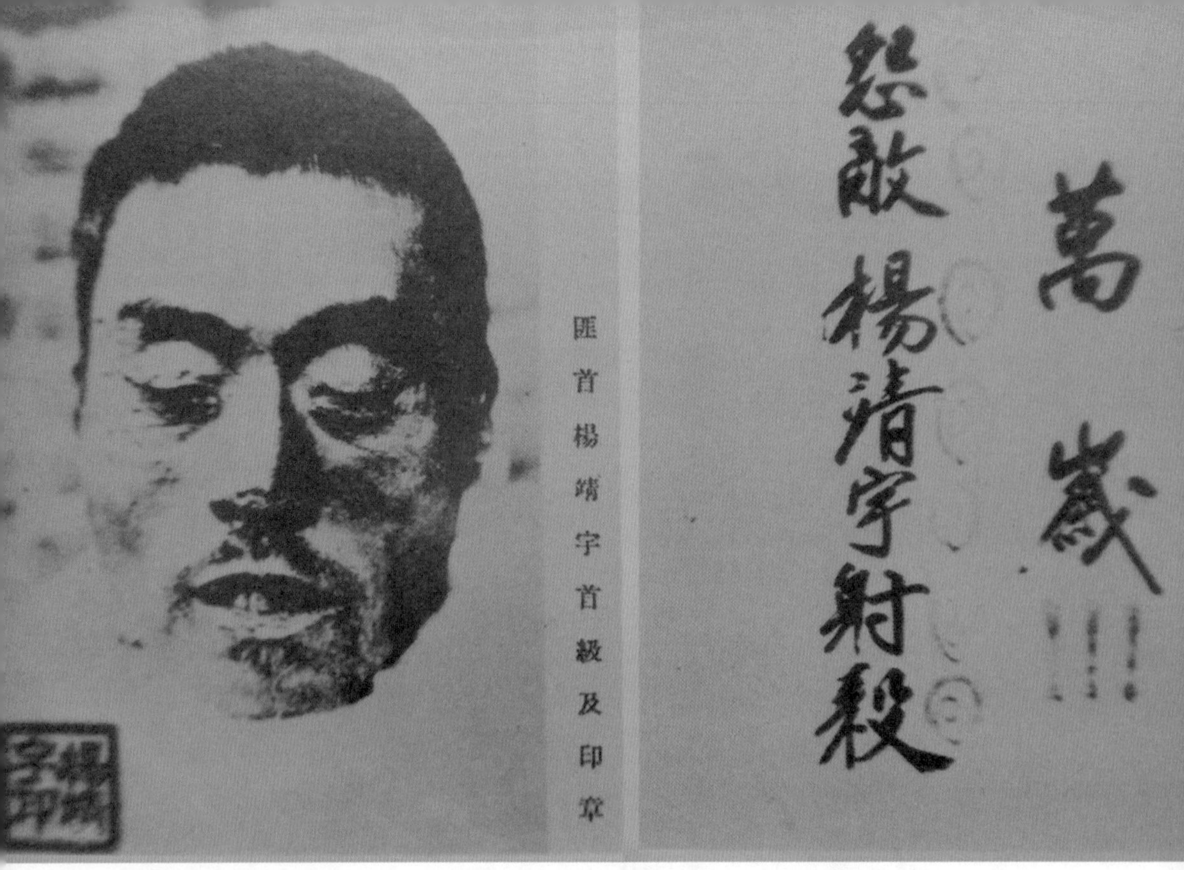

杨靖宇将军遗首照片以及照片背后“怨敌杨靖宇射杀”的字样 。

照片来源：《满洲警察重要写真集成 》

大阪朝日 滿洲版

吹雪の東邊道血戰詳報

肉彈十勇士の遺骸

血の雪原に收容

全身敵彈に蜂の巣の如く

壯烈な最期に暗涙

杨靖宇将军的战绩之一——1936 年 1 月 14 日歼灭日军东濑军曹等所谓“肉弹十勇士”后，《朝日新闻》的报道。

抗联第一路军第一方面军总指挥曹亚范将军牺牲地。几十年后人们才发现，那棵树上是一条呼唤抗日救国的抗联标语。

照片来源：《独立守备第八大队战史》

部下より殺害されし東北抗日聯合第一路軍第一方面軍長曹亜範の死骸地付近にて発見せる共匪の宣伝文

退入苏联并成为抗联教导旅的游击队指挥官，中间的即为日军档案中提到的张光迪，曾任抗联第六支队支队长。他在抗战后期多次指挥部队出入中苏边境，对日军进行袭扰和侦察。

照片来源：私人收藏

黑龙江肇源县敖木台，徐泽民十二支队与日军作战地纪念碑。徐泽民是抗联第十二支队代理支队长，曾指挥十二支队在敌后长期活动，并策动了王岗伪满航空队起义等重要行动。

照片来源：私人收藏

档案中提到的游击队指挥官于天放（右一）在清华大学读书期间与家人的合影。于天放曾任抗联第六支队政委，率部在东北战斗到 1944 年 12 月，不幸被俘后成功越狱。解放后担任黑龙江省副省长、黑龙江大学校长等职。

日军在与抗日武装交战中，伤亡亦十分严重。这是日军讨伐队在举行悼念仪式，纪念战死的日军。

照片来源：日军第 37 联队战史

档案中记录了一起日军汽车被抗日武装摧毁事件，事后为了封锁消息，还对日本人之间的通信进行了限制。这是一次日军汽车被袭击事件现场。

照片来源：私人收藏

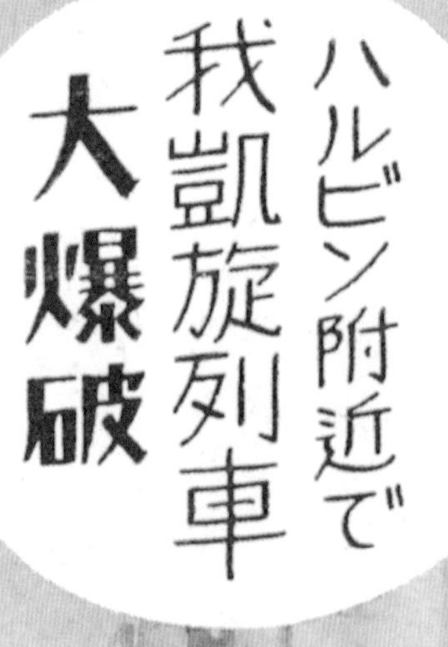
ハルビン附近で
我凱旋列車
大爆破

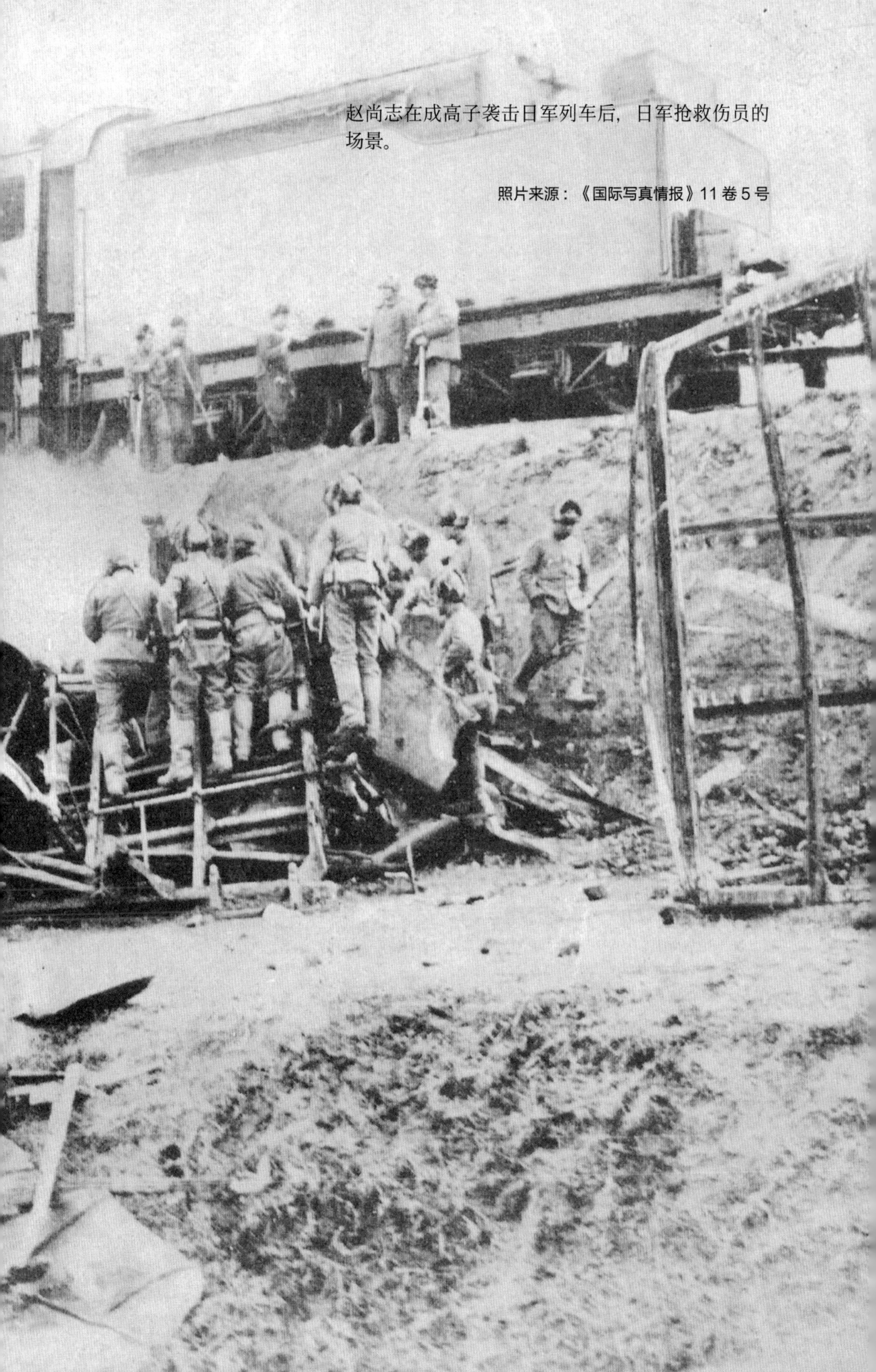

赵尚志在成高子袭击日军列车后，日军抢救伤员的场景。

照片来源：《国际写真情报》11 卷 5 号

[illegible]從業員ノ優越感ニ基ク粗暴ナル行爲乃至言
不逞ノ爲ニ生スル誤解等ニ[illegible]工場勞働者ト同シク民族
諸若ハ苦力ノ逃亡、日人從[illegible]ニ對スル復仇的暴行等
四日人商人對滿人農民ノ[illegible]

殖民侵略

03 殖民侵略

“九一八事变”之后，为了真正占领中国，日本向中国东北派来的组织，不光有军队，还有大量的移民。1932年1月，关东军统治部在奉天召开“满蒙”法制及经济政策咨询会议，重点讨论了“移民满洲”问题。会后，关东军统治部制定了《移民方策案》、《日本人移民案要纲》和《屯田兵制移民案要纲》。这些方案的基本精神，是在10到15年的时间内，分别向中国东北移入武装的“屯田兵制移民”1万人和“国防移民”10万户；“屯田兵制移民”须优先选择“满洲”驻屯军退伍兵，把具有军队组织和纪律的屯田兵制移民作为“移民满洲”的尖兵。

1932年10月，在有“开拓团之父”之称的关东军大尉东宫铁男的亲自策划之下，493名日本武装移民进驻牡丹江永川镇，第二年建成“弥荣”和“千翔”两村庄，成为入侵中国东北的第一个移民团。也是在这年10月，关东军正式出台了《对满移民的全面方针和移民计划案》。根据这个方案，移民团在中国东北的主要职能是：“在满洲国内扶植日本的现实势力，充实日满两国国防、维护满洲国治安，并建立以日本民族为指导，以谋求远东文化之成就。”也就是说，“移民团”负有巩固“国防”、维持治安、文化侵略等多重军事和政治功能。这一《对满移民的全面方针和移民计划案》，还将移民的具体方案定义为“特别农业移民”，方案规定：“特别农业移民是以退伍军人为主体，在警备上相当屯田兵制组织，具有充分的自卫能力。”换言之，移民团是一个准军事组织，是关东军的重要补充。

根据上述方案，1932至1936年期间，日本一共向中国东北进行了五次“实验移民”。有鉴于“实验”的成功，1936年8月25日，日本广田弘毅内阁正式宣布，将大规模向中国东北移民作为日本的七大“国策”之一。为此，日本政府专门制订了《向满洲移住农业移民百万户的计划》，规定以20年间移民100万户、500万人为目标。从1937年起，每5年为一期，移民户数是逐期递增的，第一期为10万户，第二期为20万户，第三期为30万户，第四期为40万户。

该计划自 1937 年开始实施。也是在这一阶段，“满洲开拓团”的名称正式出现。“满洲开拓团”的性质，用日本军方的说法，是以人口增长完成“实力的培植”。其长远目的，则在于使日本人在中国东北“永久性地住上 500 万到 1000 万”。

“开拓团的另一性质，是日本在中国东北的武装力量的一部分。“百万户移民”，绝大部分部署在东北抗日联军的游击区和漫长的中苏边境地区。他们一方面“作为对苏防御、作战上的军事辅助者，以及关东军的协作力量”，“一旦有事之际作为关东军的后备兵力”；另一方面，配合关东军“镇压反满抗日武装部队”和维持“满洲国”的治安。

据不完全统计，日本在侵占中国东北期间，共派遣开拓团 860 多个、33 万多人。大批日本退伍军人和农业贫民源源不断地涌入中国东北，他们强占或以极低廉的价格强迫收购中国人的土地，然后再租给中国农民耕种，从而使 500 万中国农民失去土地，四处流离或在日本组建的 12000 多个“集团部落”中忍饥受寒，其间冻饿而死的人无法计数。

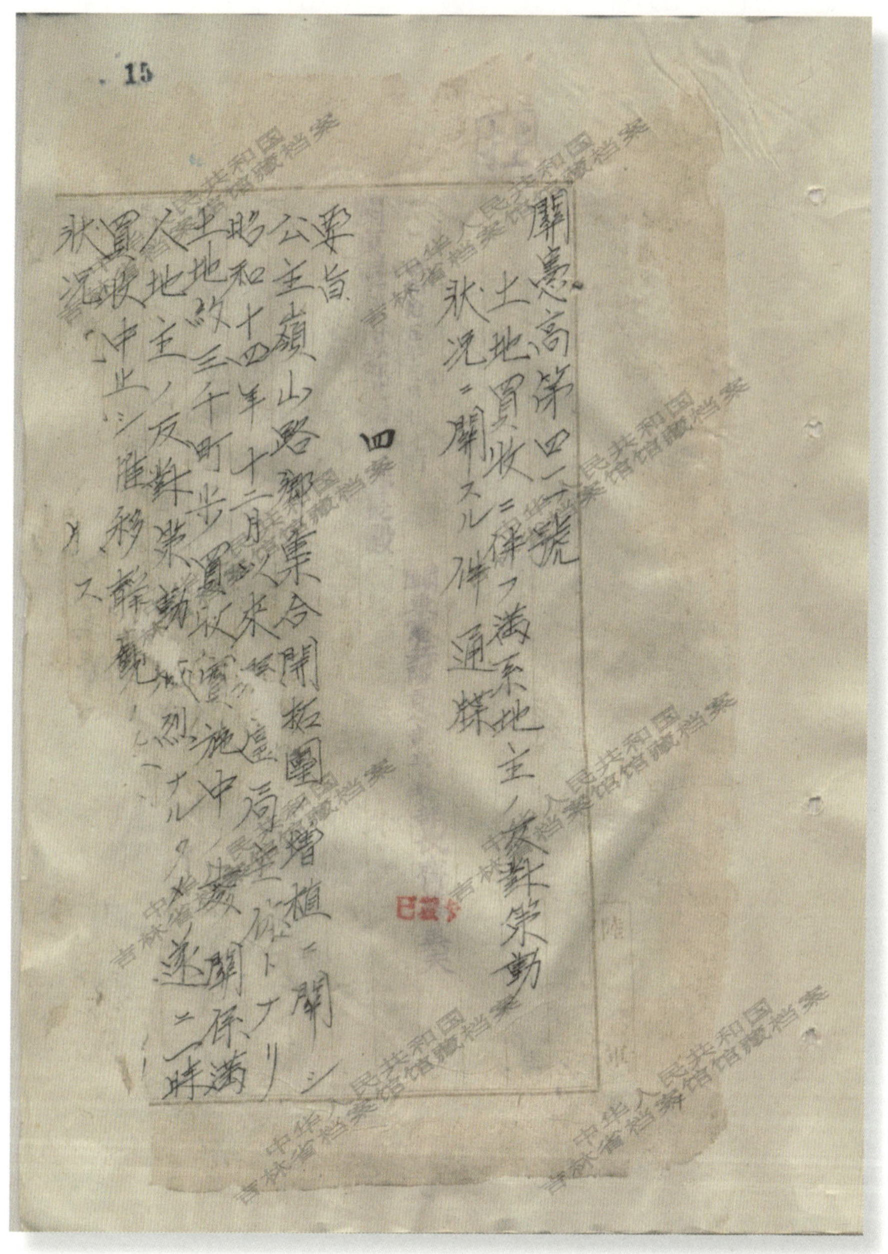
15

關憲高第四一一號

土地買收ニ伴フ滿系地主ノ反對策動
状況ニ關スル件通牒

四

要旨

公主嶺山路郷集合開拓團増植ニ關シ
昭和十四年十二月以來[illegible]トナリ
土地約三千町歩買收實施中ノ處關係滿
人地主ノ反對策動熾烈ナルタメ遂ニ一時
買收中止シ[illegible]
状況[illegible]

关于收买土地引起的满系地主反对策动状况的通牒

关东宪兵队司令部警务部长齐藤美夫《关于收买土地引起的满系地主反对策动状况的通牒》，昭和十五年（1940 年）5 月 27 日。

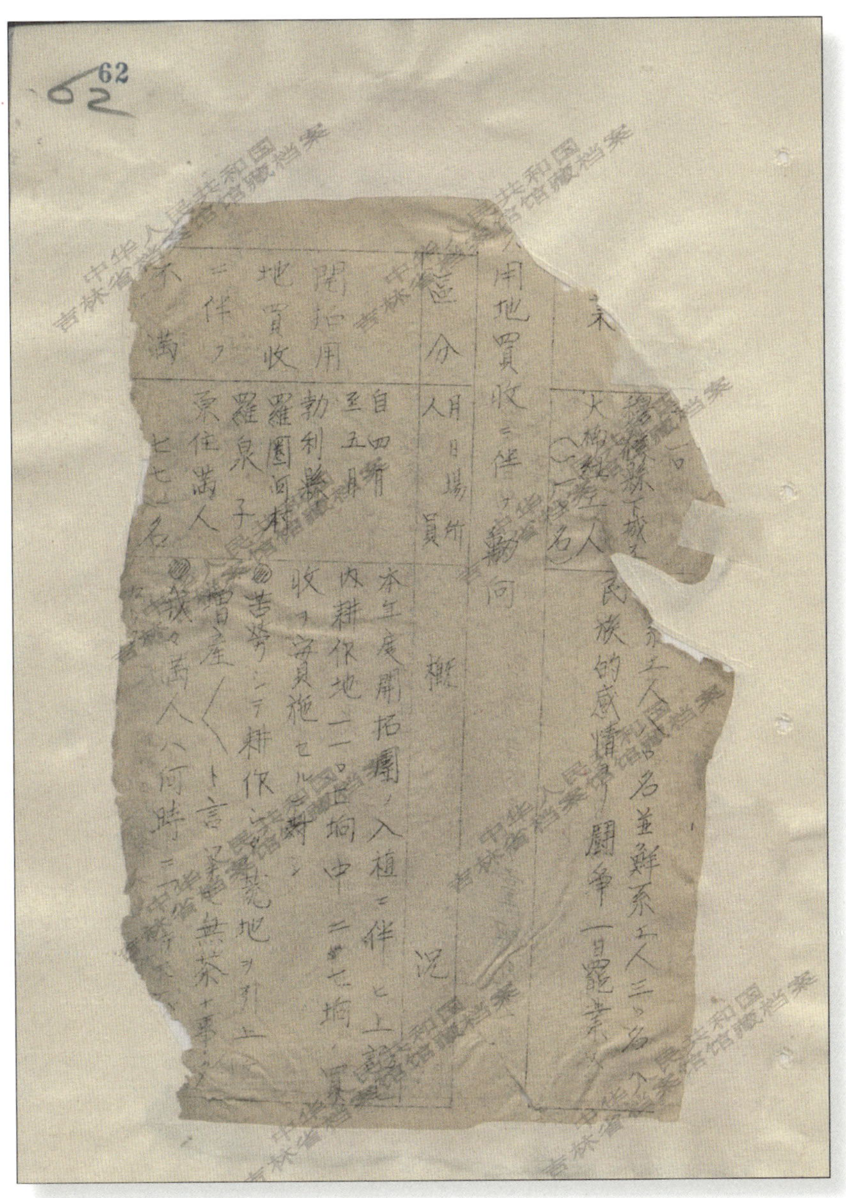

思想对策月报（5月份）

鸡宁宪兵队《思想对策月报（5月份）》，昭和十八年（1943年）6月4日，记录收买移民用地引发原住民不满。

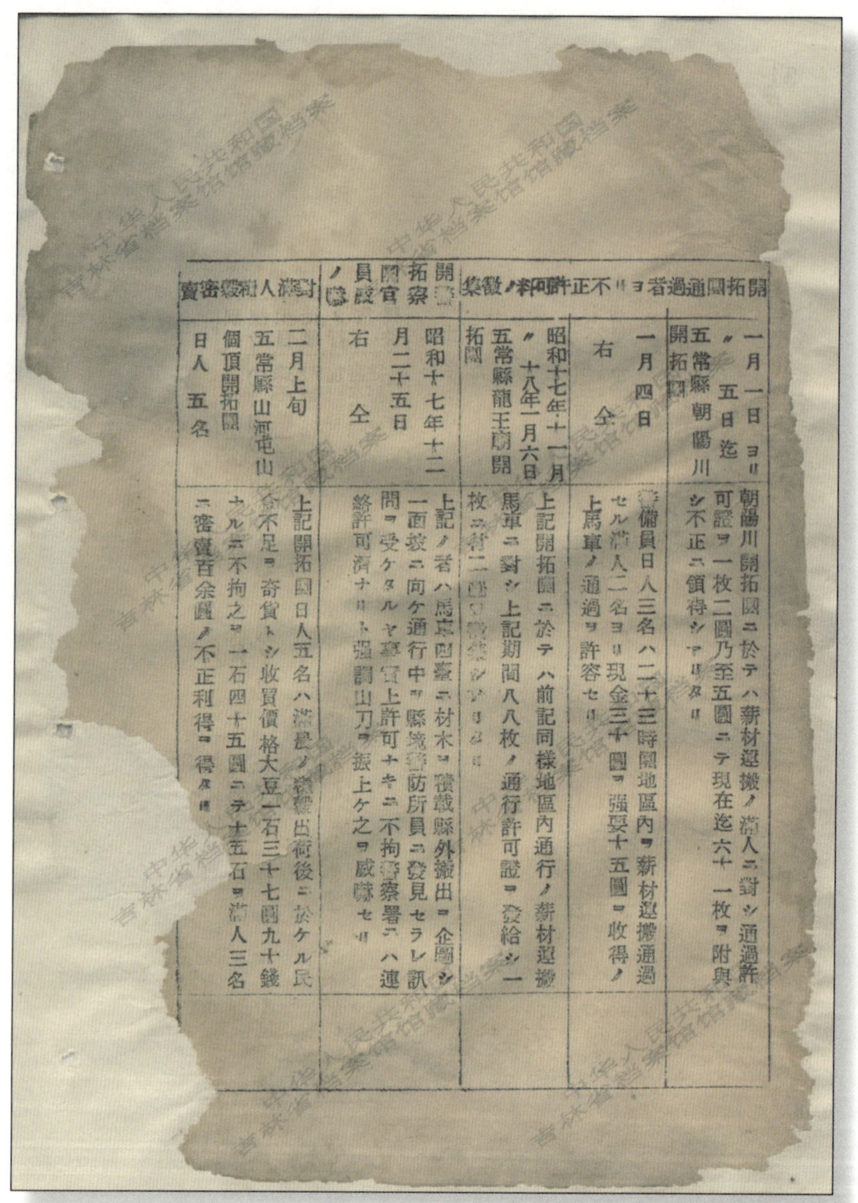

事項	日時・場所	内容
開拓團通過者ヨリ不正許可料ノ徴集	一月一日ヨリ〃五日迄 五常縣朝陽川開拓團	朝陽川開拓團ニ於テハ薪材運搬ノ滿人ニ對シ通過許可證ヲ一枚二圓乃至五圓ニテ現在迄六十一枚ヲ附與シ不正ニ領得シアリタリ
	一月四日 右仝	警備員日人三名ハ二十三時團地區内ヲ薪材運搬通過セル滿人二名ヨリ現金三十圓ヲ強要十五圓ヲ收得ノ上馬車ノ通過ヲ許容セリ
	昭和十七年十一月〃十八年一月六日 五常縣龍王廟開拓團	上記開拓團ニ於テハ前記同様地區内通行ノ薪材運搬馬車ニ對シ上記期間八八枚ノ通行許可證ヲ發給シ一枚ニ付二[illegible]徴集シアリタリ
開拓團員ノ警察官脅迫	昭和十七年十二月二十五日 右仝	上記ノ者ハ馬車四臺ニ材木ヲ積載縣外搬出ヲ企圖シ一面坡ニ向ケ通行中ヲ縣境警防所員ニ發見セラレ訊問ヲ受ケタルヤ事實上許可ナキニ不拘警察署ニハ連絡許可濟ナリト強調山刀ヲ振上ケ之ヲ威嚇セリ
對滿人糧穀密賣	二月上旬 五常縣山河屯山個頂開拓團 日人五名	上記開拓團日人五名ハ滿農ノ糧穀出荷後ニ於ケル民食不足ヲ奇貨トシ收買價格大豆一石三十七圓九十錢ナルニ不拘之ヲ一石四十五圓ニテ十五石ヲ滿人三名ニ密賣百余圓ノ不正利得ヲ得居レリ

思想对策月报（第三号）

哈尔滨宪兵队《思想对策月报（第三号）》，记载了昭和十八年（1943年）五常县朝阳川“开拓团”向驻地的原住民收取“买路钱”、龙王庙“开拓团”外运木材被发现恐吓警察官、山河屯“开拓团”高价贩卖大豆给中国人进行牟利等内容。

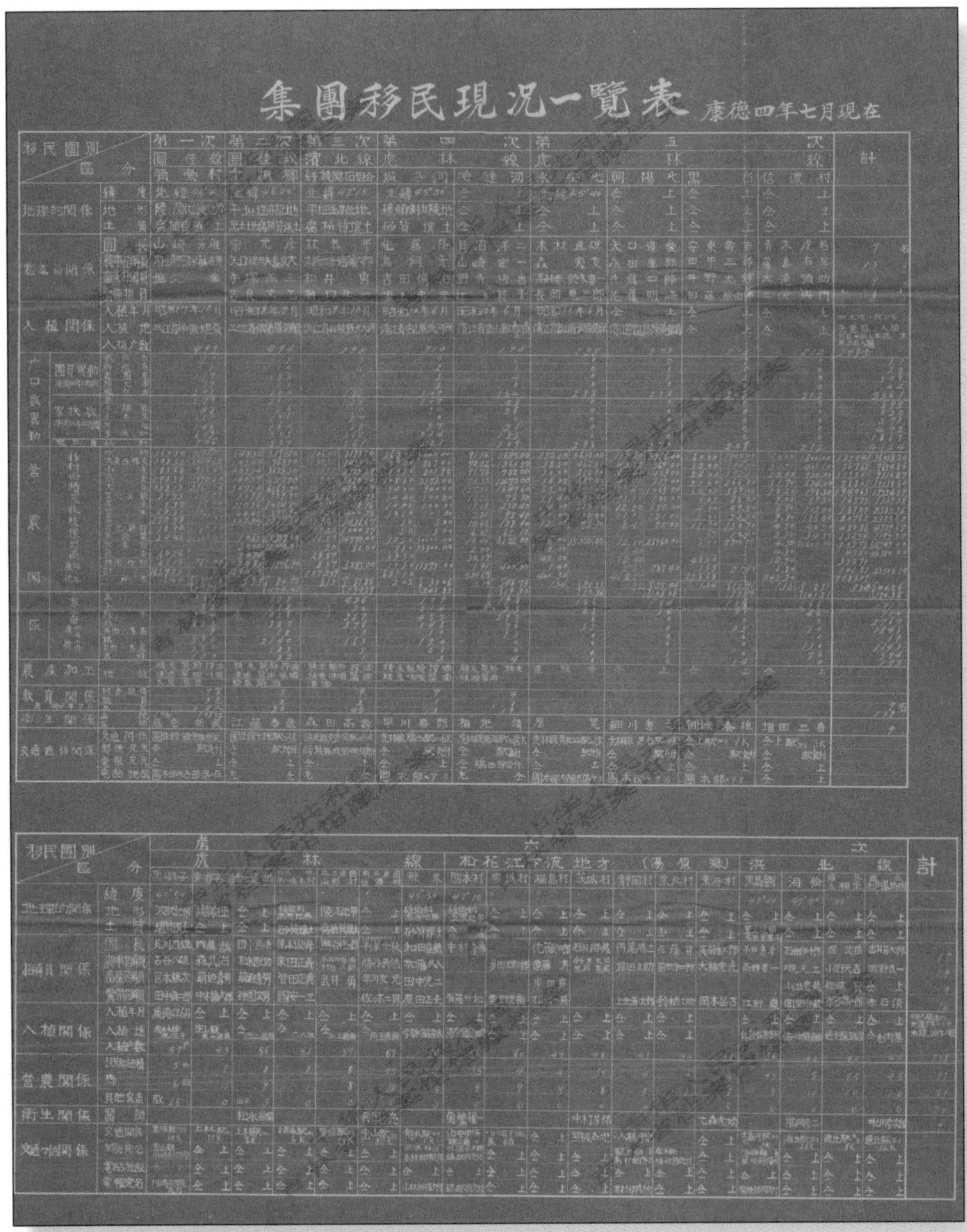

集團移民現況一覽表 康德四年七月現在

集团移民现况一览表

该表全面反映了从第一次到第五次日本移民的分布、数量等情况。

东宫铁男 1937 年在浙江嘉兴被中国军队击毙后，日本在东北的开拓团员为其守灵。

照片来源：《一亿人的昭和史》

17年になると　開拓民も適齢期　集団結

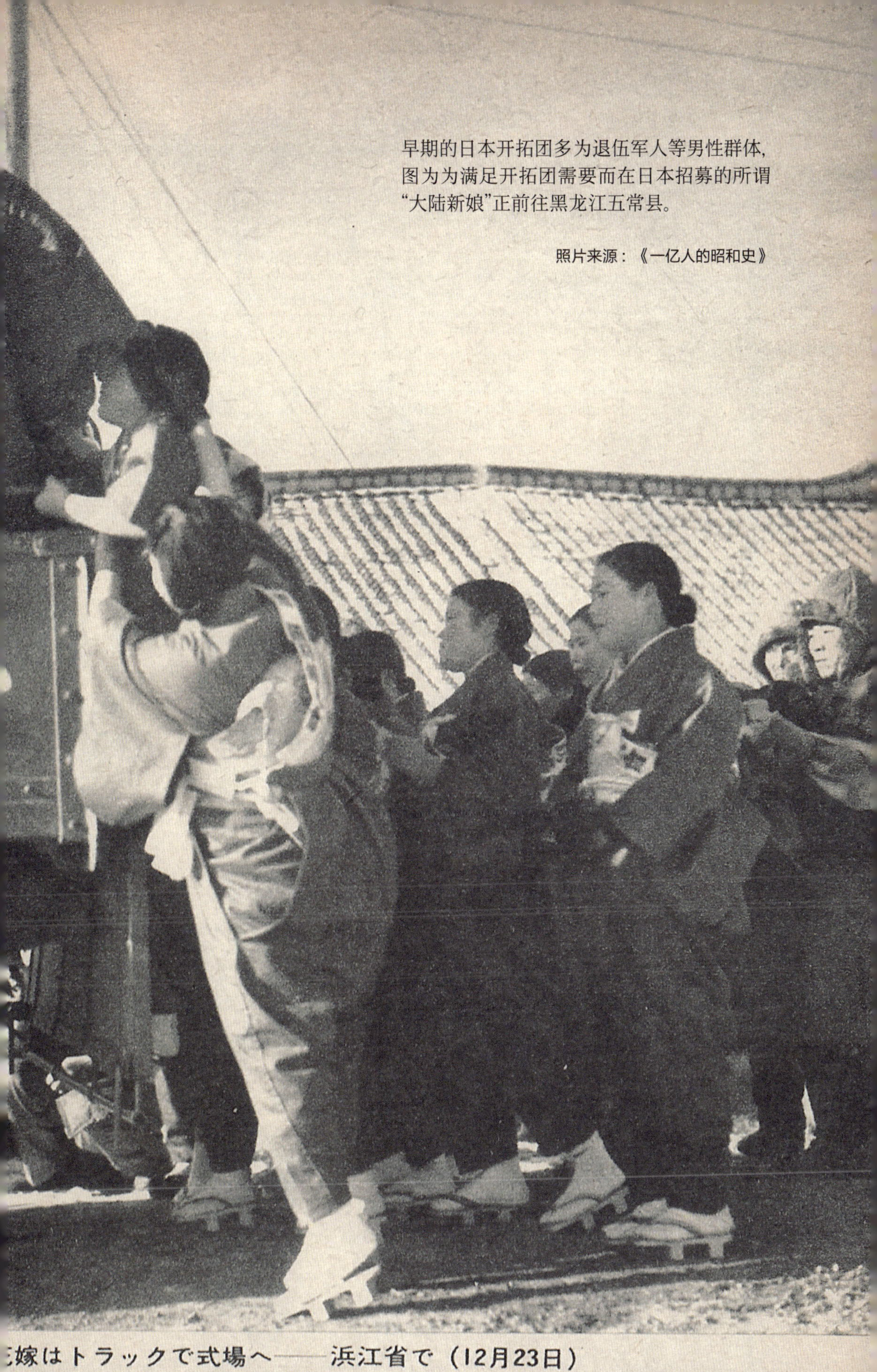

早期的日本开拓团多为退伍军人等男性群体，图为为满足开拓团需要而在日本招募的所谓“大陆新娘”正前往黑龙江五常县。

照片来源：《一亿人的昭和史》

:嫁はトラックで式場へ——浜江省で（12月23日）

最早提出在中国东北地区建立殖民村屯的日本军官东宫铁男。此人也是1928年日本关东军暗杀“东北王”张作霖的直接凶手。

照片来源：《一亿人的昭和史》

在东北建立殖民统治的政策受到日本政界的狂热支持。图为日本首相、甲级战犯东条英机和倡导在中国东北进行殖民侵略的加藤完治之合影。

照片来源：《一亿人的昭和史》

1939 年日本杂志封面上的满蒙开拓团形象，
借以作为招募人员去充实开拓团的广告。

照片来源：《家之光》杂志

日本占领时期的勃利，也是档案中日本开拓团推进殖民统治的发生地。

照片来源：日本明信片

勃利是日本进行殖民侵略的重要试点地区之一，驻有关东军部队辅助开拓团收购土地，镇压平民反抗。这是驻勃利日军的留影。

照片来源：私人收藏

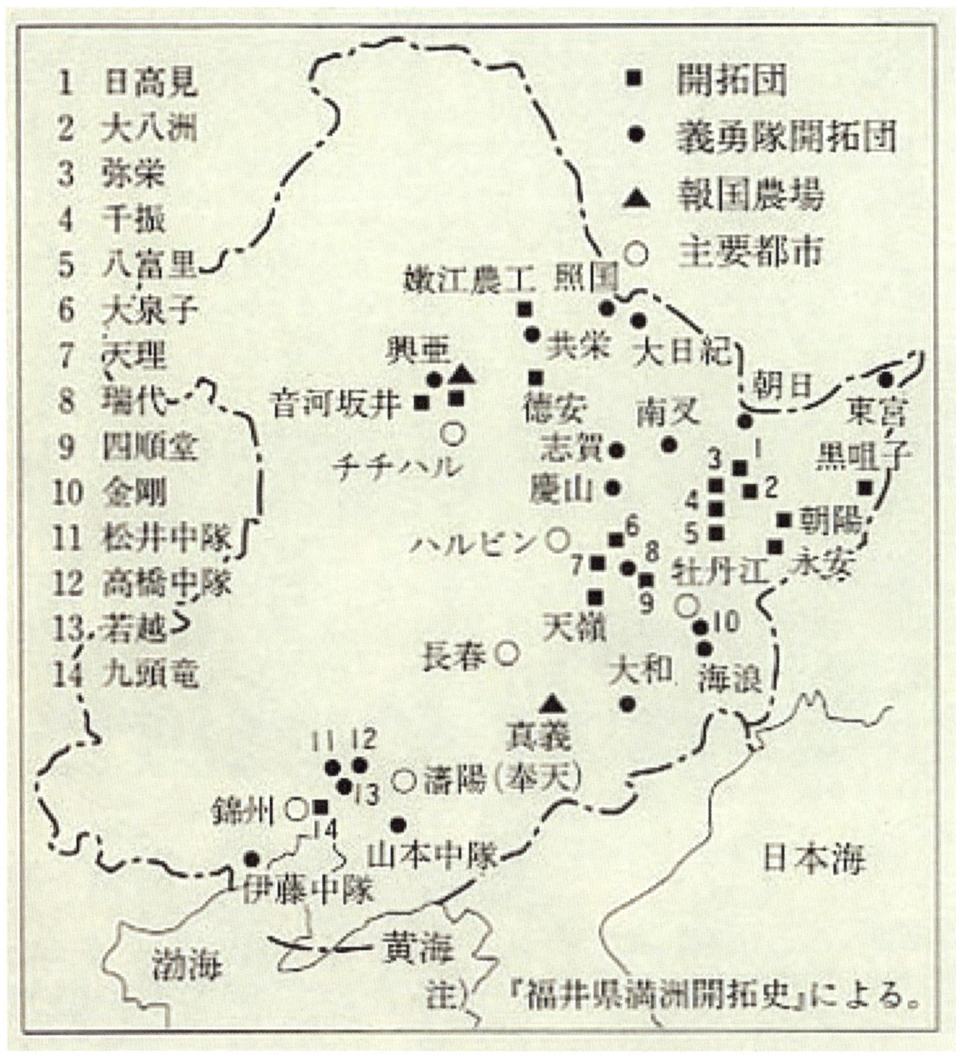

日本开拓团在中国东北抢夺居民土地，建立一个个移民村屯。这张图上标示的仅仅是福井县在中国东北建立的开拓点的位置。

照片来源：《福井县满洲开拓史》

日本开拓团的深入，伴随的是中国人不断失去自己的家园，沦为难民。

照片来源：《一亿人的昭和史》

日本侵略者对中国东北的掠夺。

照片来源：《一亿人的昭和史》

大阪《朝日新闻》刊载的记者武内撰写的专栏文章，描述了在日占东北的日本企业中，中国工人同时带有阶级矛盾和民族矛盾性质的反抗。

大阪朝日新聞

満洲労働界の危機（一）

大阪 武内特派員

日本在东北的殖民侵略不仅给中国人民带来极大苦难，也给日本民族留下巨大的伤痛。图为日本开拓团团员战后绘制的描述战争中逃难与战后被日本政府抛弃的漫画。

照片来源：开拓团研究会

關東軍特種工人取扱規定

奴役劳工

04 奴役劳工

1931年日本占领中国东北后，便着手将东北变成扩大侵略战争的军事基地。为了防范北面的强敌苏联，日本决定沿中苏边境修筑军事要塞。从1934年开始，关东军征用大量中国劳工在东北与苏联的边境修筑公路、飞机场、兵营及工事。在东起吉林珲春，中部经黑龙江北部中苏边境，西至海拉尔（今呼伦贝尔）和阿尔山5000公里的边境地带，共修筑17处要塞群。这些要塞群长约1700公里，共有8万个永备工事。为了保密，在一些重要工程修筑完毕后，日军便将劳工全部杀死。

根据哈尔滨市社会科学院“侵华日军要塞”课题组的研究成果，日本在中国东北边境修筑要塞等军事工程，强征和奴役中国劳工320多万人，造成了100多万劳工的死亡，给中国人民的生命财产造成重大损失。死亡劳工大都是青壮年人，是100多万个家庭的主要劳动力和支柱。这些劳工当中，即使有侥幸活下来得以回家的，也因为在服劳役期间遭受非人的待遇和奴役，大多数人患有关节风湿、腰腿痛、消化不良或皮肤等方面的疾病，造成早衰、早亡或留下终身病痛。

吉林省档案馆最新发掘整理的一系列日军侵华档案中，详细记录了日本侵略者强征、残暴对待中国劳工的罪行。其中档案337件、资料2册，以多种形式记载了日本侵略者残酷剥削、压迫、镇压劳工的罪行，档案中还包括被电死工人的照片。档案中提到的五家子和东宁，都是东部边境正面的军事要塞。这些档案涉及侵华日军部队76支，宪兵分队、分遣队8个；还有日本和伪满洲国企业至少63个，其中大部分是日本企业，包括日本建筑行业的代表清水建设株式会社、南满铁道株式会社所属的昭和制钢所等。

在1943年8月2日由齐齐哈尔宪兵队上报给关东宪兵队司令部的“齐宪高第307号”文件中，记录了齐齐哈尔满洲第983部队所强征的1300名劳工的情况。《关于五家子军事施工中的劳工使用状况报告》等文件中详细记录了劳工抵达、死亡、患病等情况。根据一份劳动者逃走名簿，日本侵略者还曾征用年仅12

岁的童工。

文件号为“奉宪高第三四六号”的《关于乱石山军事施工中劳工逃跑事件的报告》中，记录了部分参与军事设施修筑的劳工在缺吃少穿、严酷管理的条件下开始逃亡、罢工、暴动的情况。档案中还包括大量日伪当局、关东军各军队下令搜查、通缉、抓捕、处死劳工的内容。

日本侵略者从 1940 年开始，将在战场上俘获的中国抗日军政人员解往后方充当劳动力。为了掩盖役使战俘的罪行，日军将战俘作为“特殊工人”（亦称“特种工人”）秘密运送到伪满洲国的工矿和边境军事工程地带，在日军的严密看押下从事超强度的劳役，并施以非人的待遇。

根据现已发掘的档案显示，因逃亡或武装暴动等反抗活动而被关东宪兵队登录姓名的“特殊工人”有 221 名，“普通劳工”有 622 名。按照档案记载，关东军把从驻华北日军移管过来的俘虏、投降兵用作军用劳工者称为“特种工人”，即“特殊工人”；在华北蒙疆地区所获得的俘虏及投降兵在日军开设的训练机关“训练”结束后，移交伪满洲国管理的劳工被称为“辅导工人”。日军在修筑绝密军事工程中，对所谓的“特殊工人”、“辅导工人”采取了铁丝网隔离、拘禁监视等极为严酷的管束措施。

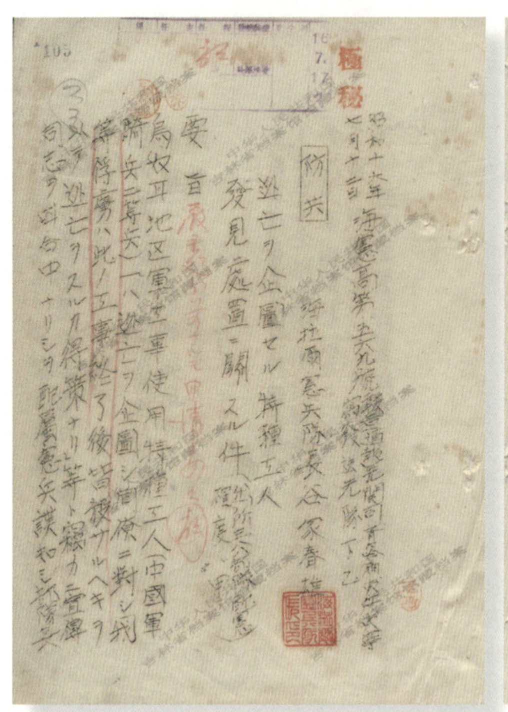

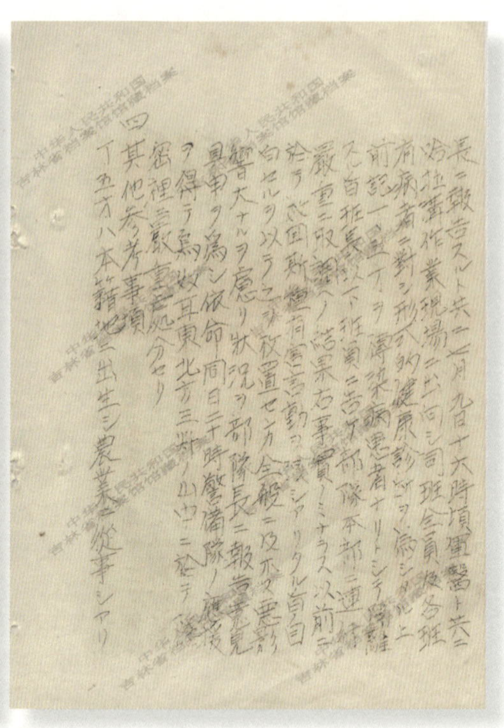

关于处置企图逃亡的特种工人的报告

海拉尔宪兵队《关于处置企图逃亡的特种工人的报告》，记载了中国山西骑兵第一大队一支队五分队二等兵丁五才被俘后，作为满洲第388部队使用的特种工人，在哈拉沟军用道路铺设及乌奴耳地区宿舍建设工程地就劳。昭和十六年（1941年）7月8日上午11点左右，丁五才与七八名特种工人密谋逃跑。被发现后以传染病患者之名将其逮捕调查，秘密处死。

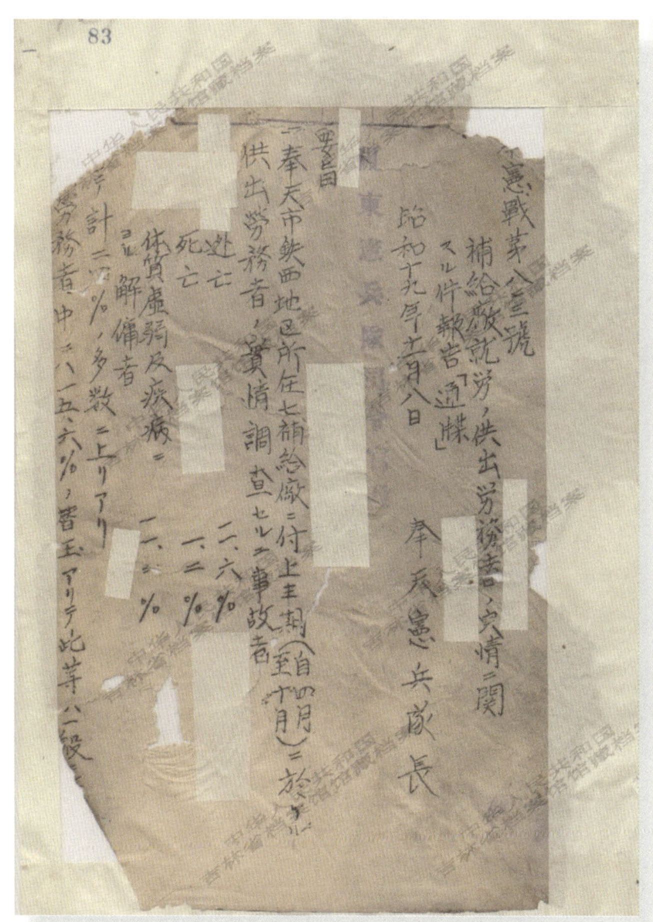

83

憲戰第八〇三號

補給廠就労ノ供出労務者ノ実情ニ関
スル件報告「通牒」

昭和十九年十二月八日

奉天憲兵隊長

要旨

一 奉天市鉄西地区所在七補給廠ニ付上半期(自四月至十月)ニ於ケル
供出労務者ノ実情調査セルニ事故者
逃亡 二、六％
死亡 一、二％
体質虚弱及疾病ニヨル解傭者 一、一％
計 二〇％ノ多数ニ上リアリ
労務者中ニ八一五、六％ノ習玉アリテ此等ハ一般

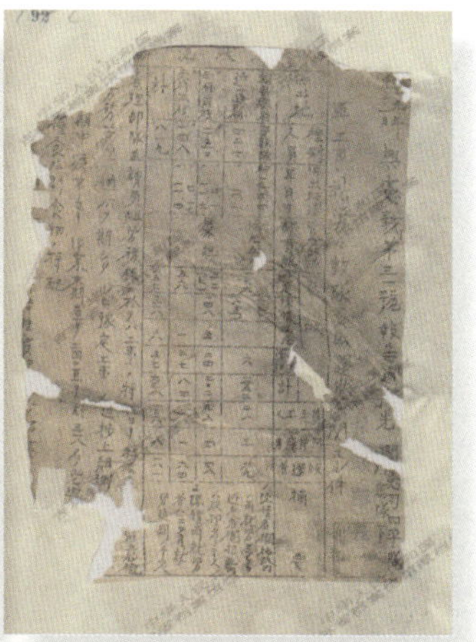

关于奉天铁西区第七补给厂强行摊派劳工实情的报告（通牒）

奉天宪兵队《关于奉天铁西区第七补给厂强行摊派劳工实情的报告（通牒）》，记载了奉天市铁西区第七补给厂昭和十九年（1944年）上半期（4月至10月）“供出”劳工情况的调查。档案中附有“供出”劳工概况调查表、“供出”劳工逃走原因调查表、疾病人员状况调查表、“供出”劳工中顶替人员状况调查表、无故缺勤人员原因调查表等。

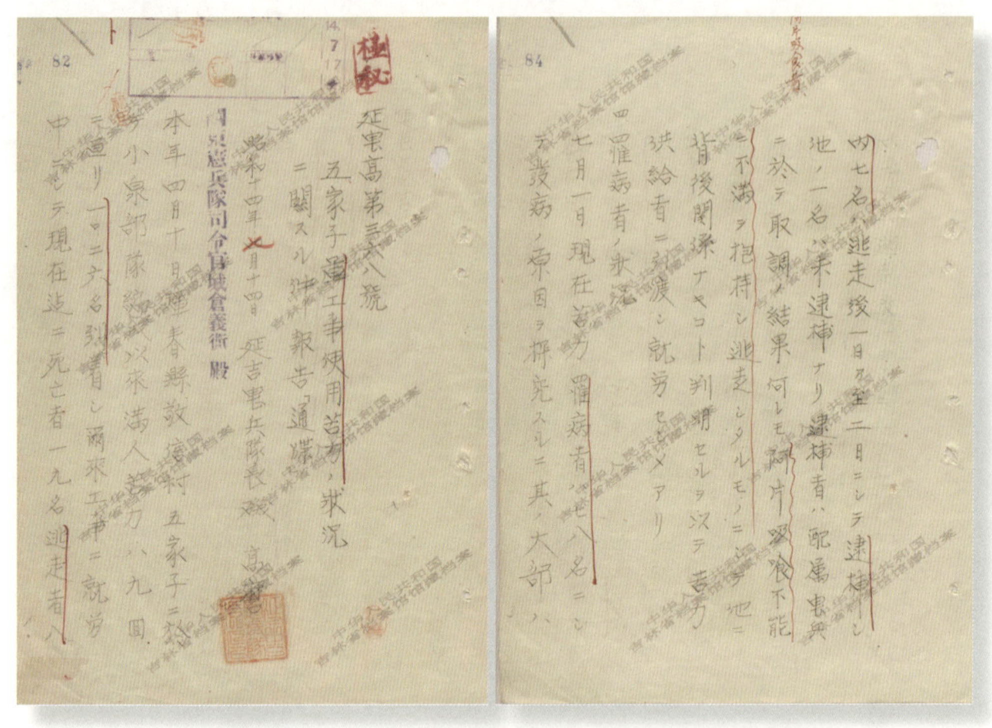

延憲高第三六八號

五家子軍工事使用苦力ノ状況
ニ関スル件報告（通牒）

昭和十四年七月十四日 延吉憲兵隊長

関東憲兵隊司令官城倉義衛殿

本年四月十日琿春縣敬信村五家子ニ於テ
小泉部隊以来満人苦力ハ九回
ニ通リ一〇二六名到着シ爾来工事ニ就労
中ニシテ現在迄ニ死亡者一九名逃走者ハ

内七名ハ逃走後一日乃至二日ニシテ逮捕シ
他ノ一名ハ未逮捕ナリ逮捕者ハ配属憲兵
ニ於テ取調ノ結果何レモ阿片吸食不能
ニ不満ヲ抱持シ逃走シタルモノニシテ他ニ
背後関係ナキコト判明セルヲ以テ苦力
供給者ニ引渡シ就労セシメアリ

四 罹病者ノ状況

七月一日現在苦力罹病者七八名ニシテ
其疾病ノ原因ヲ探究スルニ其ノ大部ハ

关于五家子军事工程施工中的劳工使用状况报告（通牒）

延吉宪兵队《关于五家子军事工程施工中的劳工使用状况报告（通牒）》，记载了昭和十四年（1939 年）4 月 10 日，在珲春县敬信村五家子地区，前后 9 次共有 1026 名东北劳工来到这里参加军事施工。截至报告当时死亡 19 人，病死 18 人，逃跑 8 名，患病 78 人。

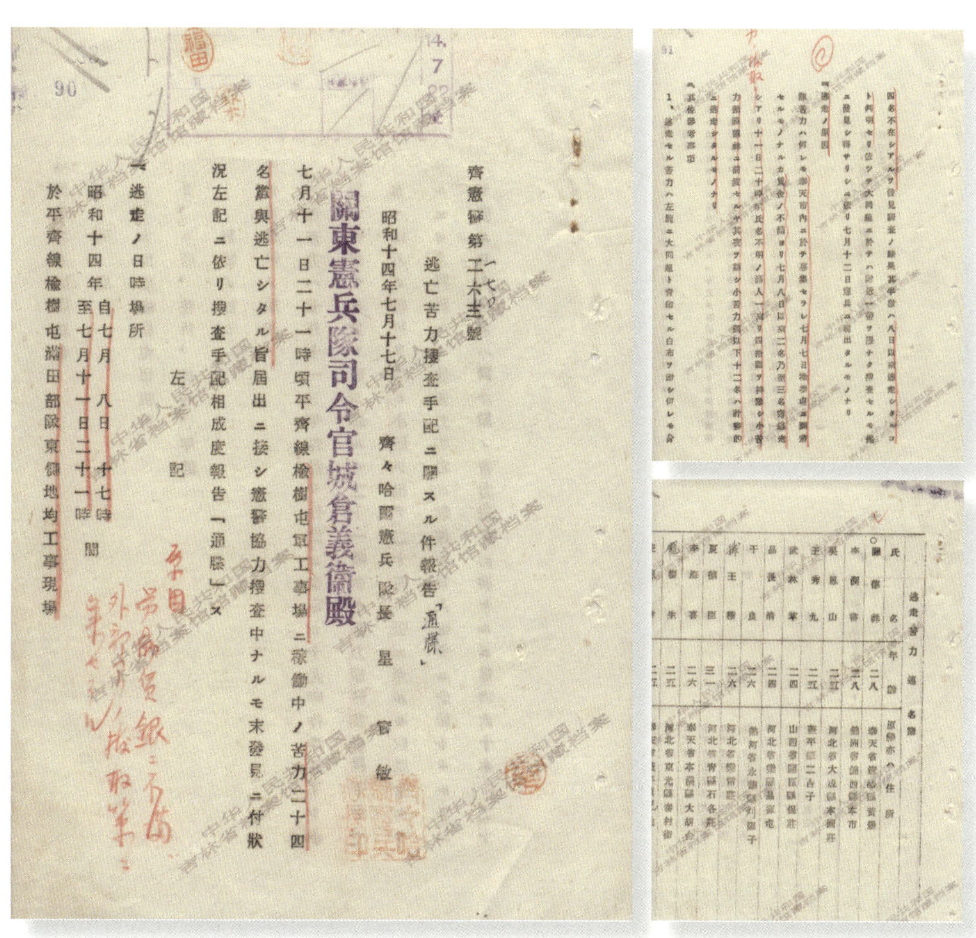
齊憲發第二六三號

逃亡苦力捜査手配ニ關スル件報告「通牒」

昭和十四年七月十七日　齊々哈爾憲兵隊長　星　啓　敏

關東憲兵隊司令官城倉義衞殿

七月十一日二十一時頃平齊線楡樹屯軍工事場ニ稼働中ノ苦力二十四名黨與逃亡シタル旨届出ニ接シ憲警協力捜査中ナルモ未發見ニ付狀況左記ニ依リ捜査手配相成度報告「通牒」ス

左記

一、逃走ノ日時場所

昭和十四年自七月八日十七時至七月十一日二十一時間

於平齊線楡樹屯滿田部隊東側地均工事現場

通缉搜捕逃亡劳工的报告（通牒）

齐齐哈尔宪兵队《通缉搜捕逃亡劳工的报告（通牒）》，记载了昭和十四年（1939 年）7 月 8 日 17 时至 7 月 11 日 21 时之间，平齐线榆树屯满田部队军事施工工地关德祥等 24 名劳工集体逃跑。逃走的劳工左手手腕上系着盖有大同组青印的白布条，没有身份证明书以及劳工协会颁发的劳动票。

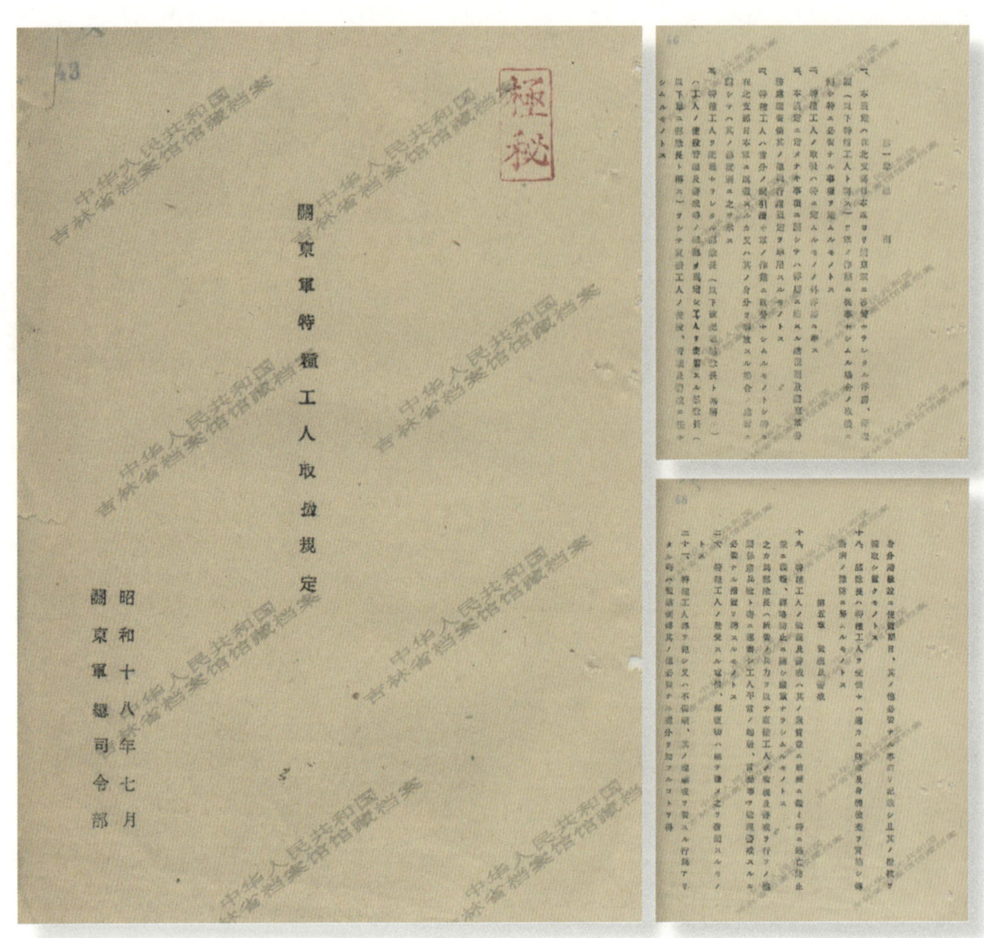

極秘

關東軍特種工人取扱規定

昭和十八年七月
關東軍總司令部

关东军特种工人管理规定

关东军总司令部《关东军特种工人管理规定》，规定了对日军华北派遣军移交关东军的俘虏、投降兵在部队施工时需注意的管理事项，自昭和十八年（1943年）8月1日开始实行。该规定提到日军华北派遣军移交关东军的俘虏、投降兵统称为“特种工人”。

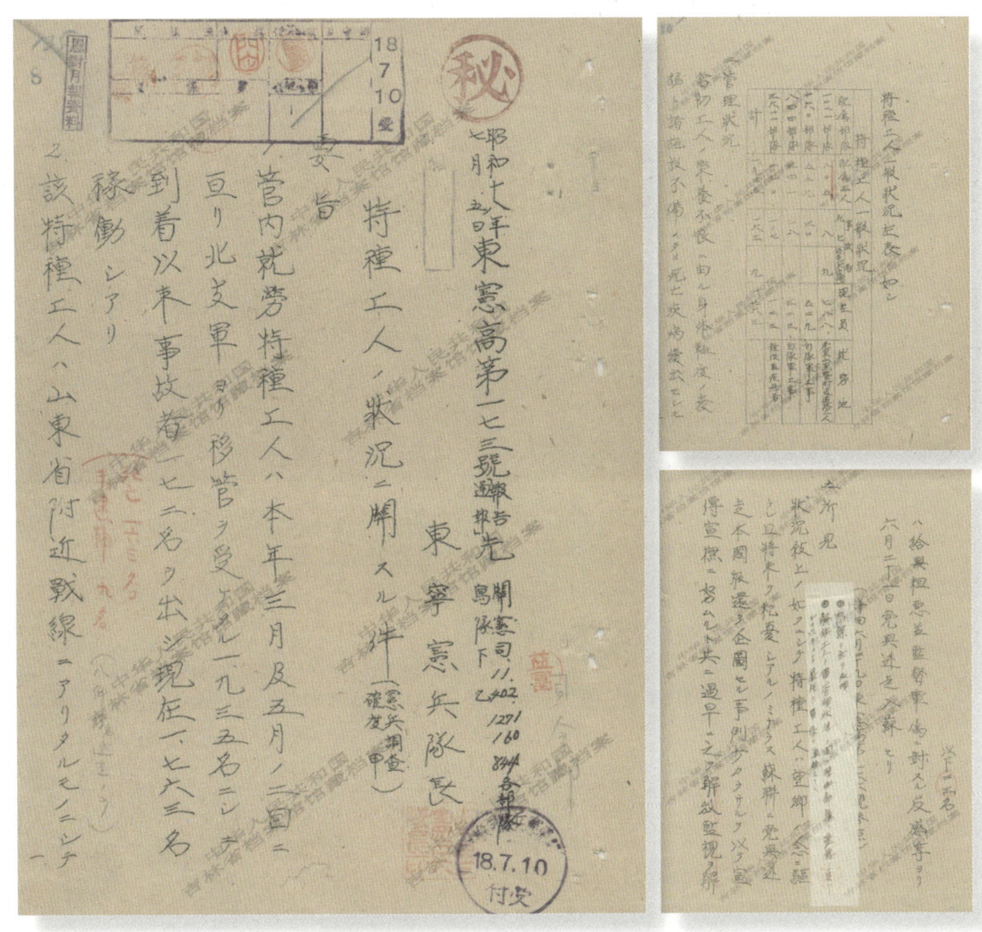
秘

昭和十八年七月五日 東憲高第一七三號

東寧憲兵隊長

特種工人ノ状況ニ關スル件(憲兵調査確度甲)

要旨

一 管内就勞特種工人ハ本年三月及五月ノ二回ニ亘リ北支軍ヨリ移管ヲ受ケ之一九三五名ニシテ到着以来事故者一七二名ヲ出シ現在一、七六三名稼働シアリ

二 該特種工人ハ山東省附近戦線ニアリタルモノニシテ

特种工人状况之件

东宁宪兵队《特种工人状况之件》的报告，记载了昭和十八年（1943年）3月26日和5月7日，分别从日军华北派遣军接收就劳特种工人2批，共1935人。其中60%是山东省附近的蒋介石嫡系军人，其他的是八路军以及杂牌军。这些特种工人由于身体极其虚弱，截至报告当时已经死亡163人。

日军在中苏边界地区修建的要塞工事。日军强制大批劳工花费数年时间，在中苏边界地区修建了号称“东方马其诺防线”的一系列要塞。为了保守秘密，工程完工后，建筑者们大多被就地杀害。

照片来源：莫斯科图书馆

日军使用中国劳工的一大目的是为了以华制华，对付神出鬼没的东北抗日联军。这是日本警宪在使用劳工修筑通往抗联杨靖宇部队活动中心区的公路。

照片来源：《野副三江大讨伐写真集》

驻宝清日军押送劳工准备开始工作。由于日军使用劳工时十分残酷，劳工逃亡和反抗时有发生，故此日军经常派出部队直接监控劳工，以减少逃亡并随时进行镇压。

照片来源：《一亿人的昭和史》

由于劳动强度极大，卫生和生活条件又极为恶劣，在日军奴役下的大批劳工冻饿而死。图为日军工地外被野狼啃噬的劳工遗骸。

照片来源：《一亿人的昭和史》

日军为了防止劳工逃走，除了对劳工实施极为严苛的管理之外，还在劳工的宿营地外拉设铁丝网，布置碉堡岗哨。图为富锦附近日军对劳工营地的警戒设施。

照片来源：铃木《在满纪念》

为了迫使中国战俘成为所谓特种工人，日军经常采用杀戮的方式立威。图为在上海被俘的中国官兵，可见一人已被杀害。这些官兵中有很大部分被送到东北成为所谓特种工人。其中一部分淞沪战场的中国战俘约 300 人于 1940 年在鹤立县（今黑龙江省汤原县境东部）发动起义失败，全部被杀害于金刚桥（今烈士桥）下。

照片来源：《不许可写真集》

日军在安徽蒙城屠杀的战俘。因为看到这类情景，档案中在大同煤矿工作的日本人斋藤显将当时的日军称为“杀人株式会社”。

照片来源：《一亿人的昭和史》

日军使用的特种工人，大部为战俘。他们到达东北时通常仍穿着被俘时的旧军衣，日方记载他们中有人面对日军毫无惧色，对以所谓放肆的笑容。这张照片上的战俘，可能便是其中之一。

照片来源：日军相册

曾被日军作为特种工人使用，几乎折磨致死的中国战俘陈国仁（河北阜平县东王林口村人）。陈国仁最终由于参加了战俘们的武装起义得以逃生。这是逃入苏联的陈国仁在1958年寄回家乡的照片。

照片来源：私人收藏

参加了绥芬河八路军战俘起义的幸存者张思问。他在起义中击毙了一名日军看守，后加入东北抗日联军教导旅继续抗战，胜利后返回河北故乡。

照片来源：东北抗日联军研究会

所谓特种工人主要被日军用于在东北地区从事开掘煤矿、修筑工事等危险工作，很多人在完成工作后遭到杀害。

照片来源：《不许可写真集》

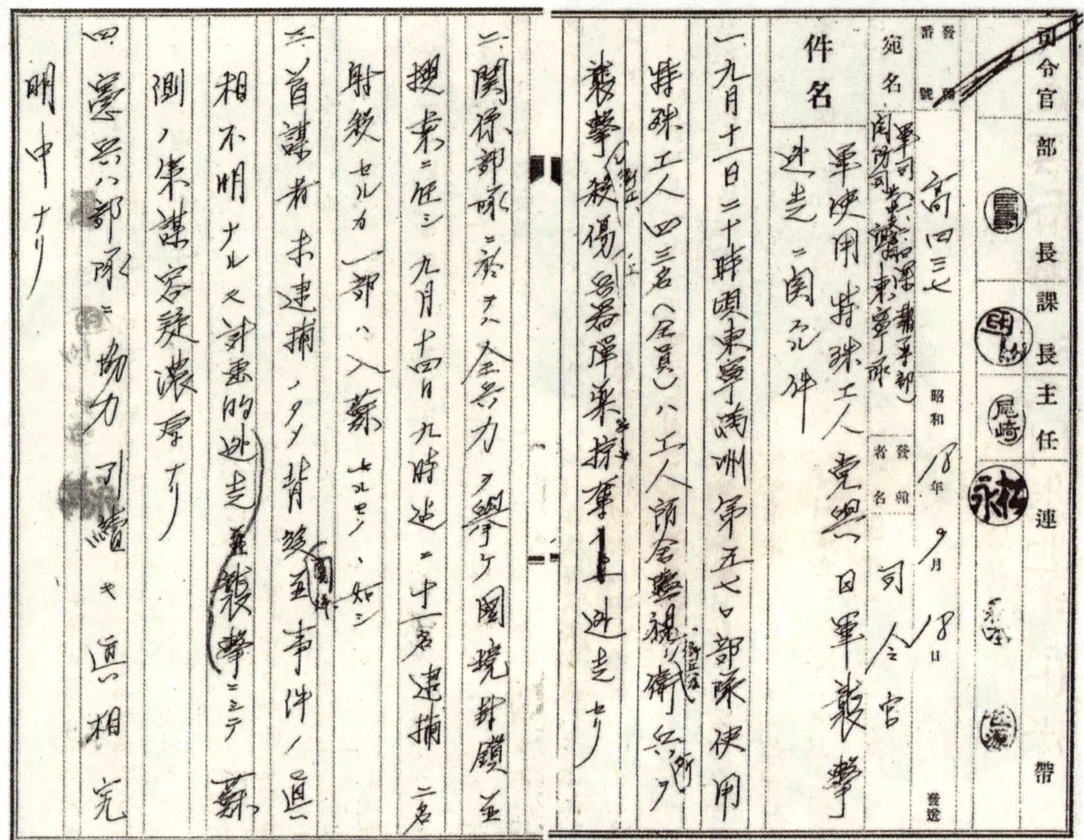

司令官 部長 課長 主任 連帶

發番號 高四三七

宛名 軍司令官 關東軍司令部

發翰者名 司令官

昭和18年9月18日 發送

件名 軍使用特殊工人党與日軍襲擊逃走ニ関スル件

一、九月十一日二十時頃東寧満洲第五七〇部隊使用特殊工人四三名（全員）ハ工人宿舍監視ノ衛兵所ヲ襲撃殺傷（兵器弾薬掠奪）逃走セリ

二、関係部隊ニ於テハ全兵力ヲ挙ゲ国境封鎖並捜索ニ任シ九月十四日九時迄ニ十一名逮捕二名射殺セルカ一部ハ入蘇セルモノヽ如シ

三、首謀者未逮捕ノタメ背後並事件ノ真相不明ナルモ計画的逃走並襲撃ニシテ入蘇ノ[illegible]ノ策謀容疑濃厚ナリ

四、憲兵ハ部隊ニ協力シ[illegible]ヤ真相究明中ナリ

吉林省档案馆保存的日方档案中记载了多起中国劳工和战俘在面对将被杀害的危险时起义反抗的历史事实。这份同一时代的日方档案记录了 1944 年 9 月 11 日八路军战俘在绥芬河发动起义的事件经过，可算给劳工们的反抗提供了新的佐证。

照片来源：东北抗日联军研究会

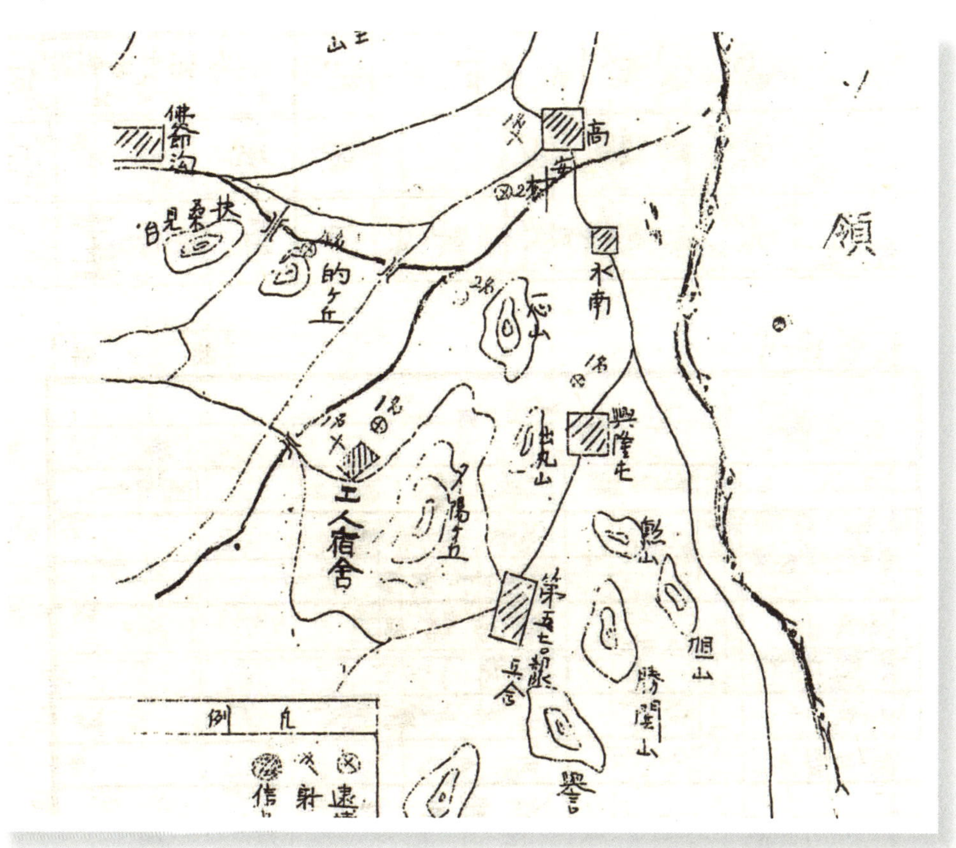

日方档案中记载的八路军战俘即特种工人在绥芬河发动起义的地点和周围环境。

照片来源：东北抗日联军研究会

別紙第一

党與逃走人名簿

○逮捕者

本籍	氏名	年令	身分階級	職業	本國所屬部隊服役年數	學歷
蘭縣 城鎮	陳恩	二九	中隊長 中尉	無	第十團三連 四年	小四
薊縣 天平莊	侯東山	二〇	二等兵	農	薊 基幹隊 三ヶ月	無
献縣 黄之鋪	王伸	三一	助理員	同	献縣 區分所 四年	小四
牛村	張文柱	二五	二等兵	同	清南 六合區十九團之連 八年	小二
河北省 辛河縣訓宅	張世文	二二	同	同	十團第四連 四ヶ月	無
秦南縣 王家平興	李久龍	二〇	同	木工	秦南縣政府 二ヶ月	小二
邱縣 十四城寨	李雲林	二四	同	農		小四

日方档案中记录的在绥芬河起义的八路军战俘名单。这是一次成功的起义，起义者中的四分之三得以成功突破日军封锁，进入苏联境内，成为东北抗日联军教导旅的一部分。

照片来源：东北抗日联军研究会

与动辄被杀害的特种工人即战俘劳工相比，被日军就地征发的民工同样受到残酷使用。这是大讨伐作战中日军征用本地民工修筑防御抗联的工事，可见连妇女儿童也同样被用来从事繁重的体力劳动。

照片来源：《野副三江大讨伐写真集》

在日军面前宁死不屈的中国人。档案中记述海拉尔日军宪兵对于试图组织逃亡的一名中国骑兵战俘在隐蔽处进行了所谓“严重处分”。“严重处分”是日军杀害抗日军民的代称。

照片来源：私人收藏

05 残杀无辜

05 残杀无辜

吉林省档案馆公布的关东宪兵队档案中，有大批出自《邮政检阅月报》的日本人信件。为防止日本官兵及国民通过信件电报等泄露军事机密及日军烧杀抢掠罪行，日伪当局对所有在华日军及其军属、在华日人百姓、满人、朝鲜人及驻满各使领馆外国人收发的信件、电报进行严格检查，其中不利于日伪当局的内容被删除或没收，并由日军摘抄整理在册，按月上报军队高层，最后形成了《邮政检阅月报》。

该月报分为三部分：一般状况、邮件检阅和电报检阅。除介绍当月检查邮件、电报的数量以及有问题的邮件、电报外，重点是汇报所谓有问题邮件的检阅情况，包括发现时间及场所、发信人、收信人、信件内容摘要（有问题部分）、处置意见等。关东宪兵队认为有问题的邮件包括：有抗日反满内容的信件，对时局不满的信件，反映日军军纪松弛的信件，暴露日军编成装备、军队行动、军事演习等内容的信件等。

目前，吉林省档案馆保存该类月报 217 卷，可复制利用卷 160 卷，总量达 17442 页，其中包含外国人书信卷 16 卷。年代跨度从 1937 年到 1944 年。《邮政检阅月报》所摘录的信件内容，都是侵华日军当时的所做所为以及所思所想，它们真实地反映了侵华日军的侵略行为。

华北派遣乙集团增关部队佐佐木队西坪小文在发给朝鲜庆南蔚山郡彦阳净田薰子的信中写道："昨天，我看到了野战仓库三名劳工因偷东西被打杀的一幕。一两发子弹射出后见没死，就用刺刀刺了两三下。之后挖了个坑把他们埋进去。如果不偶尔下决心做这些事情的话，那么军队中的一个人将很难管理几十人、几百人的劳工，因而做了这种不人道的事情。"

根据有的书信中的记载，对于日军犯下的滥杀无辜、强奸妇女、虐杀儿童等残暴行为，他们自己人都看不下去。

华北派遣加纳部队细谷部队竹田队□田国秋（□代表无法辨别字体）寄给群马县高崎市新田町田多井植市的信中提到："当下，我们正在进行大讨伐的任务。本月 10 日开始继续烧杀讨伐共产军以及共产部落，所有男子都被枪杀，这种情形实在悲惨。妇女及女孩们的哭泣和悲鸣让人于心不忍。看见小孩子被扔弃等惨状自然会落泪。但是一想到这是敌国的孩子，他们长大了就不得了。于是一狠心将其扔到火中。那时的心情很难说出口。在此部落被讨杀的人数是一百五十人。”

1940 年牡丹江铁道局东宁特输的植田益夫发给京都中京区王生溯田町三六号古川次郎的一封书信中说：“距离这个部落（指东宁街）一条街远的地方，苦力的死骸就那么散放在外边，……离这里三条街远的地方已经干涸的小河河道里横七竖八地搁着十二三具苦力的死骸和装在箱子里的尸体，野狗啃食着他们，一点也不剩。”

1938 年 6 月 8 日，隶属于奉天工藤部队的木村镇雄寄给石川县金泽市的妻子木村美代子的信中说：“国境方面同事替代了俄国人站岗，听说强奸事件每天都有。同事通过地理和语言判断强奸的对象清一色是满洲女人，然后不分日夜对其强奸。很多女人被数百名男子强奸。”

信件中还记录了部分侵华日军厌战思乡、反军反战的情绪。1938 年 3 月 12 日，隶属于日军华中荻洲部队的渡边德右卫门在发给新潟县西颈城郡上早川村关原草苗的信中写道：“二月六日我中队在警备中，附近有近万名残余敌人。可怜的是当地老百姓，因为接到全部杀光的命令，虽然我们对小孩子多少抱有一丝同情，但含着眼泪，一起杀掉的也不少！”

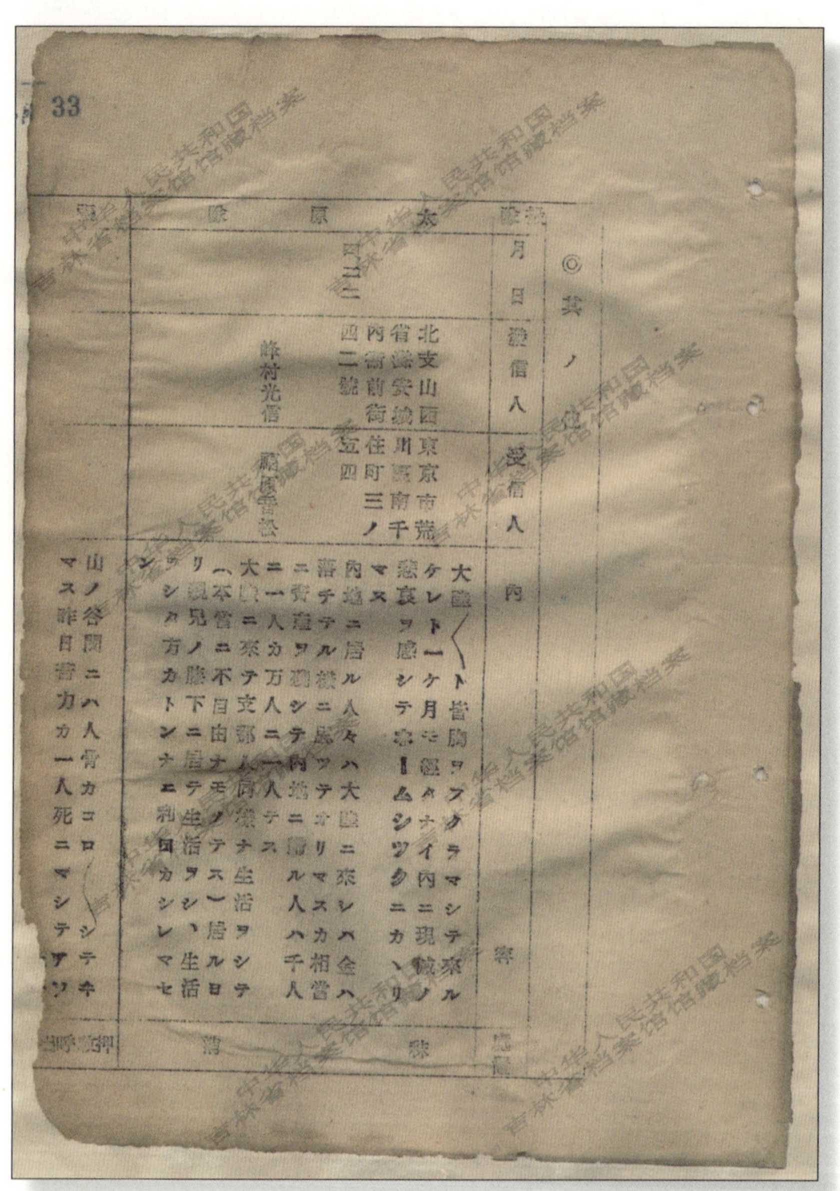

33

太原隊

◎其ノ他

月日	發信人	受信人
四、二二	北支山西省潞安城内府前街四二號 峰村光信	東京市荒川區南千住町三ノ五四 藤原音松

内容：

大陸へト皆胸ヲフクラマシテ来ル
ケレト一ケ月モ経タナイ内ニ現職ノ
悲哀ヲ感シテホームシツクニカヽリ
マス
内地ニ居ル人々ハ大陸ニ来レハ金ハ
落チテル様ニ思ツテオリマスカ相当
ニ骨適ヲ刻シテ内地ニ帰ル人ハ千人
ニ一人カ万人ニ一人テス
大陸ニ来テ支那人同様ナ生活ヲシテ
（本當ニ不自由ナモノテス）居ルヨ
リ親見ノ膝下ニ居テ生活ヲシヽ生活
ヲシタ方カトンナニ利口カシレマセ
ン
山ノ谷間ニハ人骨カコロ〳〵シテキ
マス昨日苦力カ一人死ニマシテアツ

處置　抹消　押收　呼出

通信检阅月报（4月）

华北派遣宪兵队司令官城仓义卫报告的《通信检阅月报（4月）》，昭和十七年（1942年）5月31日，记录了某山谷间到处都是人的尸骨。

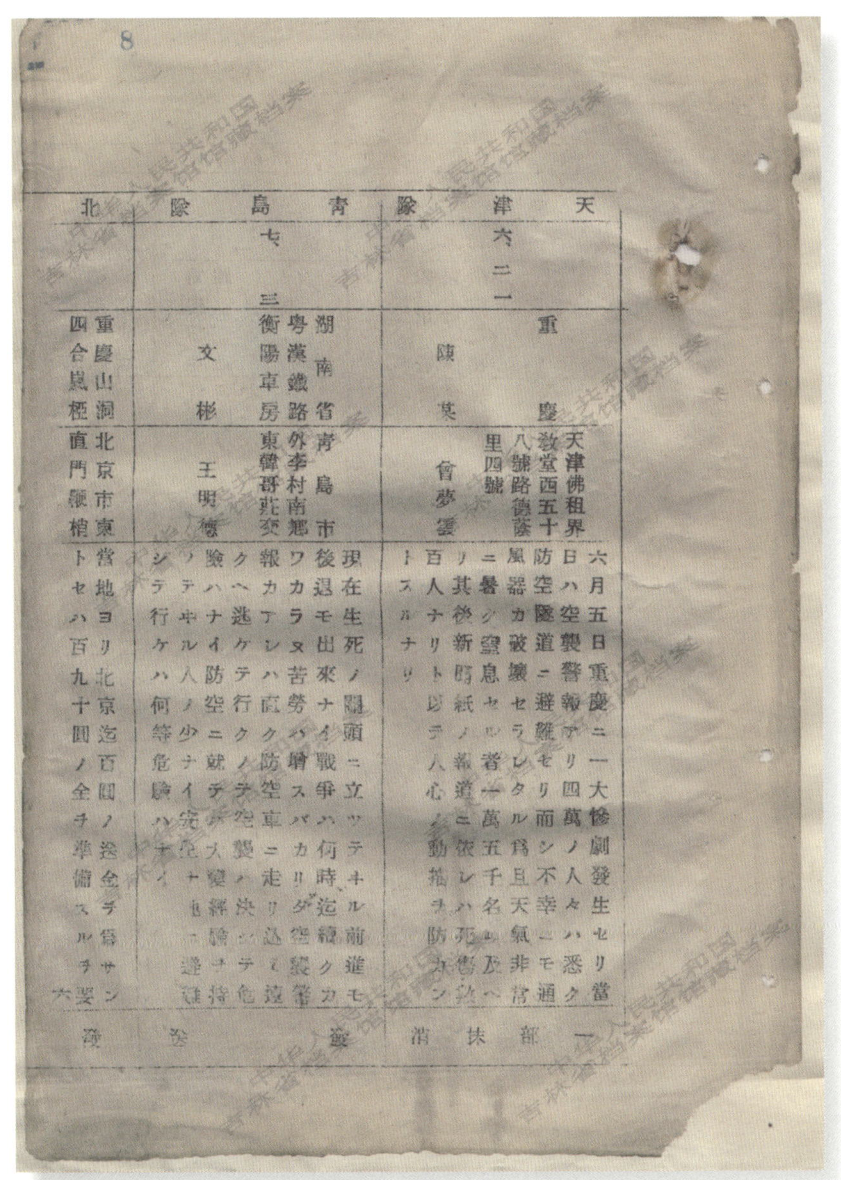

8

天津隊	青島隊	北
六二一	七三	
重慶 陳某	湖南省粤漢鐵路衡陽車房 文彬	重慶山洞四合嵐椏
天津佛租界教堂西五十八號路德蔭里四號 曾夢雲	青島市外李村南郷東韓哥荘交 王明德	北京市東直門顯楨
六月五日重慶ニ一大惨劇發生セリ當日ハ空襲警報アリ四萬ノ人々ハ悉ク防空隧道ニ避難セリ而シ不幸ニモ通風器カ破壊セラレタル爲且天氣非常ニ暑ク窒息セル者一萬五千名ニ及ヘリ其後新聞紙ノ報道ニ依レハ死傷約百人ナリト以テ人心ノ動揺ヲ防カントスルナリ	現在生死ノ關頭ニ立ツテヰル前進モ後退モ出來ナイ戰爭ハ何時迄續クカワカラヌ苦勞ハ増スバカリダ空襲警報カアレハ直ク防空壕ニ走リ込ミ遠クヘ逃ケテ行クノテ空襲ノ決ニテ色験ハナイ防空ニ就テハ大變ナ經驗ヲ持ノテキル人ノ少ナイ完全ナ地下避難シテ行ケルハ何等危險ハナイ	當地ヨリ北京迄百圓ノ送金ヲ留サントセハ百九十圓ノ全ヲ準備スルヲ要
一部抹消	發送	發

通信检阅月报（7月）

华北派遣宪兵队司令官城仓义卫报告的《通信检阅月报（7月）》，昭和十六年（1941年）8月25日，记录日军空袭重庆酿成的惨剧：4万人进防空洞避难，因通风口被炸坏，造成15000人窒息死亡，但报纸只报道死伤百人左右。

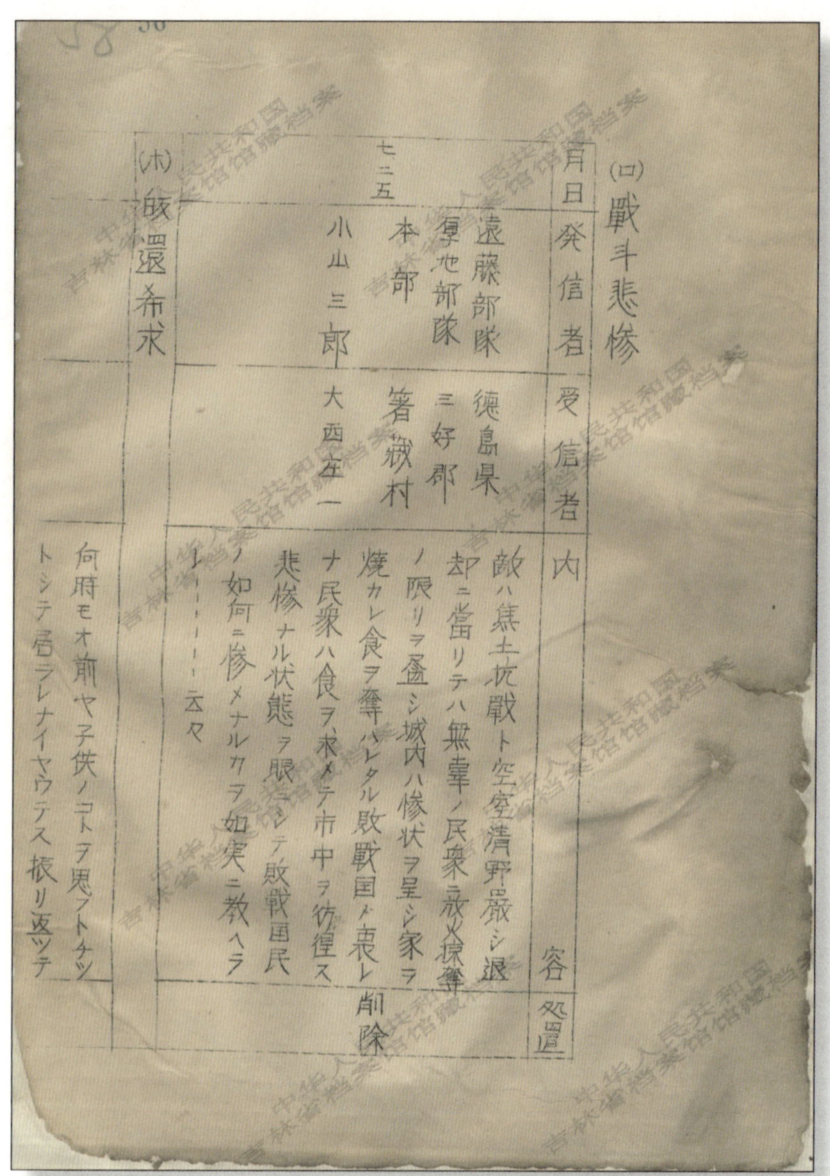

(ロ) 戰斗悲惨

月日	発信者	受信者
七二五	遠藤部隊 厚地部隊 本部 小山三郎	徳島県 三好郡 箸蔵村 大西左一

内容：敵ハ焦土抗戰ト空室清野嚴シ退却ニ當リテハ無辜ノ民衆ニ放火掠奪ノ限リヲ盡シ城内ハ惨状ヲ呈シ家ヲ焼カレ食ヲ奪ハレタル敗戰国ノ哀レナ民衆ハ食ヲ求メテ市中ヲ彷徨ス悲惨ナル状態ヲ眼ニシテ敗戰国民ノ如何ニ惨メナルカヲ如実ニ教ヘラ」……云々

処置

(ホ) 返還希求

向府モオ前ヤ子供ノコトヲ思フトナツトシテ居ラレナイヤウテス振リ返ツテ

军事邮政检阅月报（7 月份）

华南派遣宪兵队本部《军事邮政检阅月报（7月）》，昭和十六年（1941年）8月18日，记录日军对无辜百姓放火掠夺，城市内呈现一片惨状，但信中却反诬这是中国政府“焦土抗战”造成的。

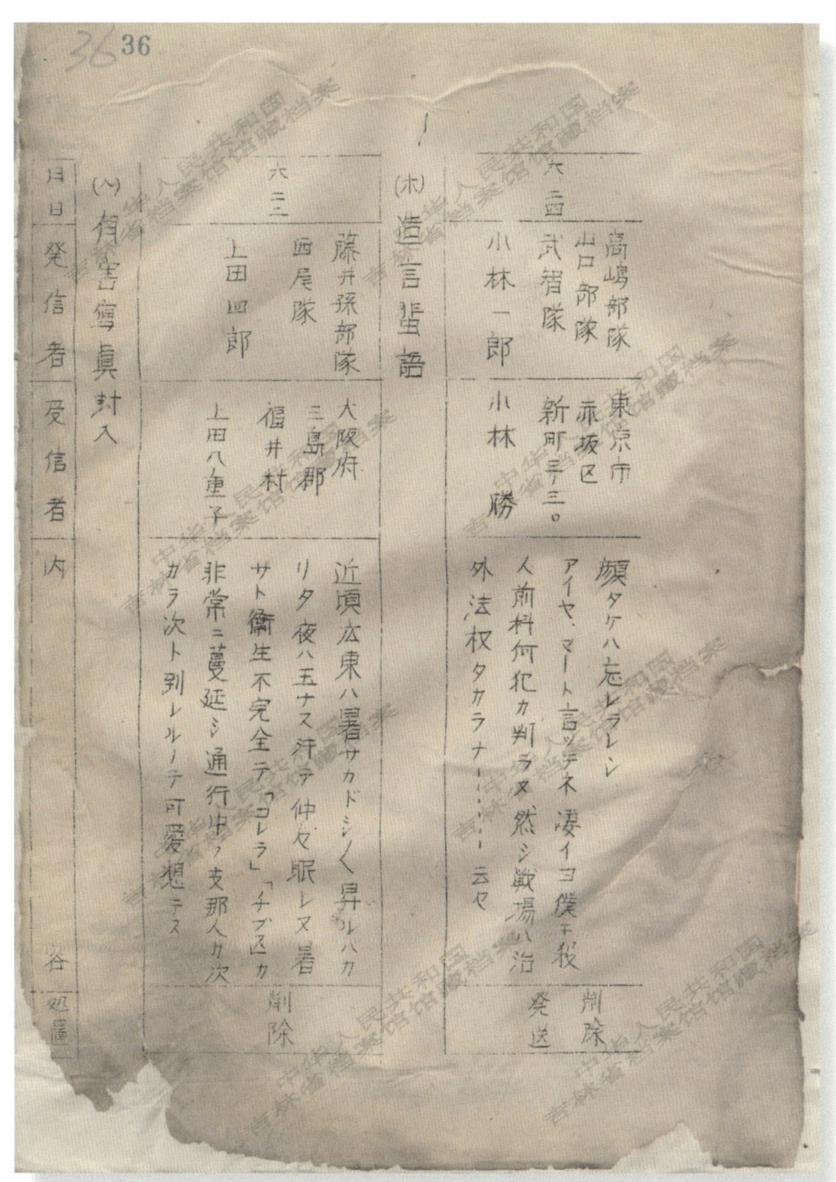

36

月日	発信者	受信者	内容	処置
(ホ)造言蜚語				
六、四	高嶋部隊 山口部隊 武智隊 小林一郎	東京市 赤坂区 新町三ノ三。 小林勝	頸タケハ忘レラレン アイヤ、マートト言ッテネ凄イヨ僕モ殺人前科何犯カ判ラヌ然シ戦場ハ治外法权タカラナ……云々	削除発送
六、三	藤井孫部隊 西尾隊 上田四郎	大阪府 三島郡 福井村 上田八重子	近頃広東ハ暑サカドシドシ昇ルハカリタ夜ハ五ナス汗テ仲々眠レヌ暑サト衛生不完全テ「コレラ」「チブス」カ非常ニ蔓延シ通行中ノ支那人カ次カラ次ト斃レルノテ可愛想テス	削除
(ヘ)有害写真封入				

军事邮政检阅月报（6月份）

华南派遣宪兵队本部《军事邮政检阅月报（6月份）》，昭和十六年（1941年）7月23日，日军士兵在信中写道，砍中国人脑袋的时候无法忘记他们临终时痛苦的表情；另一封由中国人陈炽佳自广东发出的通信内容显示：每家都有死人，活着的人也瘦骨嶙峋。

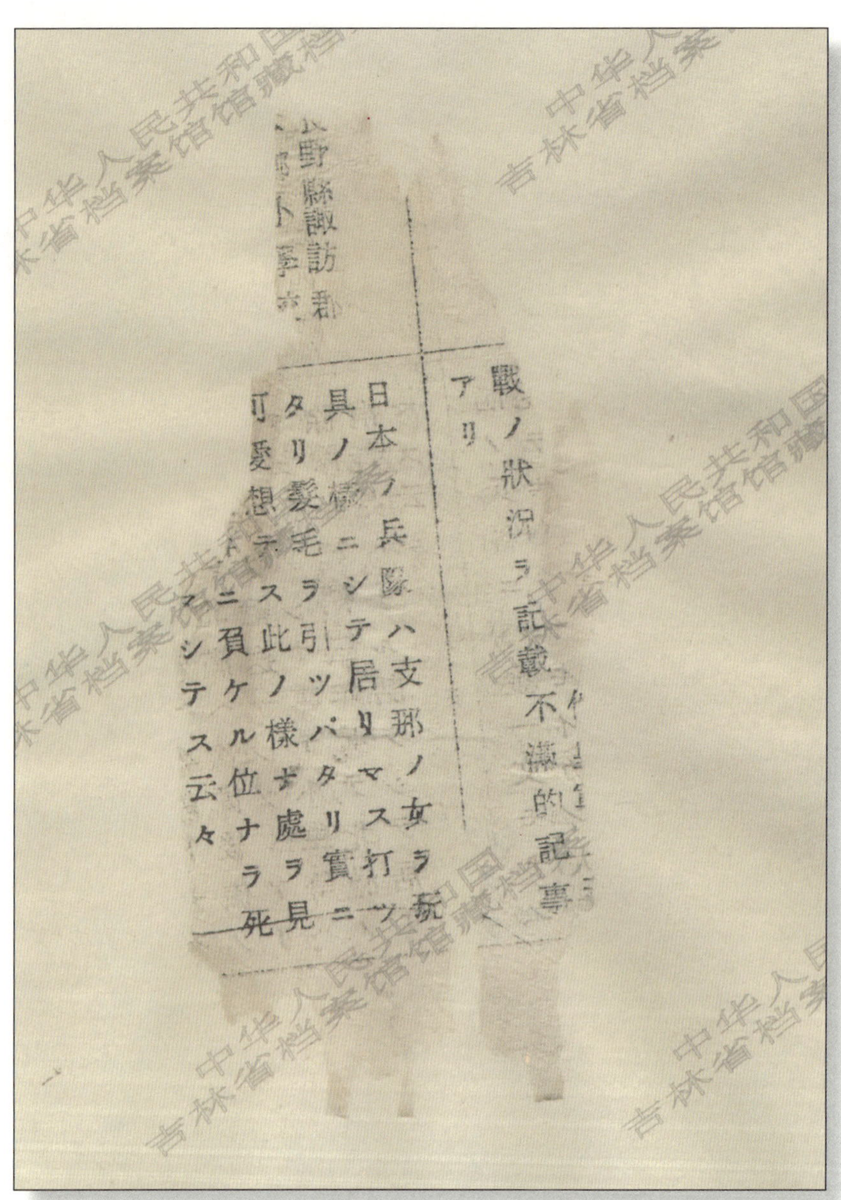
長野縣諏訪郡

戰ノ狀況ヲ記載不滿的記事
アリ

日本ノ兵隊ハ支那ノ女ヲ玩
具ノ樣ニシテ居リマス打ツ
タリ髮毛ヲ引ツパタリ實ニ
可愛想デス此ノ樣ナ處ヲ見
ニ負ケル位ナラ死
シテスル云々

邮检月报

华北一带《邮检月报》残片，记录日本士兵把中国女人当玩偶，又打又拽头发。

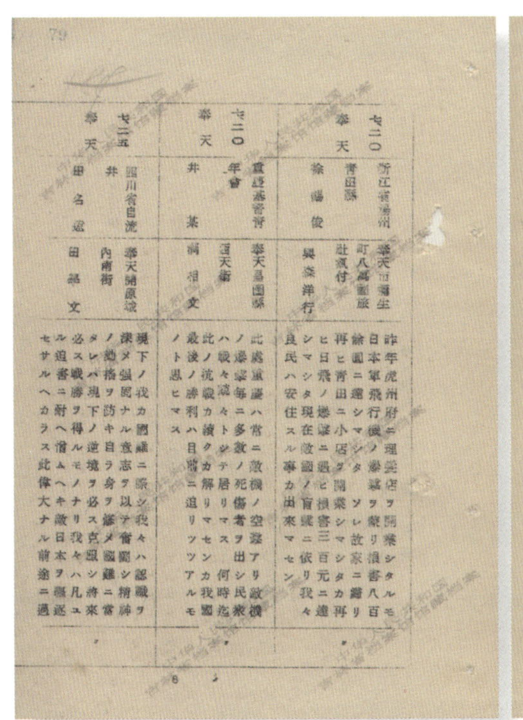

七二五 奉天
四川省自流井 田名遠
奉天?原城内南街 田品文

現下ノ我カ國家ニ際シ我々ハ認識ヲ深メ強固ナル意志ヲ以テ奮鬪シ精神ノ動搖ヲ防キ自ラ身ヲ修メ國難ニ當タレハ現下ノ逆境ヲ必ス克服シ將來必ス戰勝ヲ得ルモノナリ我々ハ凡ユル迫害ニ耐ヘ偕ムヘキ敵日本ヲ驅逐セサルヘカラス此偉大ナル前途ニ邁進スヘキナリ

七二〇 奉天
重慶 年會 井棊
奉天 西天街 禍相文

此處重慶ハ常ニ敵機ノ空襲アリ敵機ノ爆撃毎ニ多數ノ死傷者ヲ出シ民衆ハ戰々兢々トシテ居リマス何時迄此ノ抗戰カ續クカ解リマセンカ我國最後ノ勝利カ目前ニ迫リツツアルモノト思ヒマス

七二〇 奉天
浙江省處州青田縣 徐陽俊
奉天市?生町八馬館社氣付 吳泰洋行

昨年處州府ニ理髪店ヲ開業シタルモ日本軍飛行機ノ爆撃ヲ蒙リ損害八百餘圓ニ達シマシタ故家ニ歸リ再ビ青田ニ小店ヲ開業シマシタカ再ビ日機ノ爆撃ニ遇ヒ損害三百元ニ達シマシタ現在敵國ノ盲爆ニ依リ我々良民ハ安住スル事カ出來マセン

8

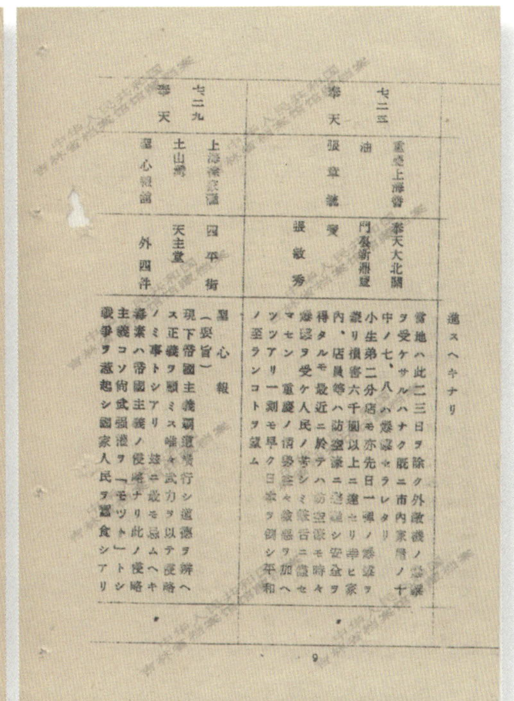

七二三 奉天
重慶上海油 張章鐵
奉天大北關門裏新?? 張敬秀

當地ハ此二三日ヲ除ク外敵機ノ空襲ヲ受ケサルハナク既ニ市内家屋ノ十中ノ七、八ハ爆撃セラレタリ小生弟ニ分店モ亦先日一彈ノ爆撃ヲ蒙リ損害六千圓以上ニ達シリ幸ヒ家内、店員等ハ防空壕ニ避難シ安全ヲ得タルモ最近ニ於テハ防空壕モ時々爆撃ヲ受ケ人民ノ苦シミ言語ニ盡セマセン重慶ノ情勢益々險惡ヲ加ヘツツアリ一刻モ早ク日本ヲ倒シ平和ノ至ランコトヲ望ム

七二九 奉天
上海徐家匯土山灣 聖心報館
四平街天主堂 外四件

聖心報（要旨）

現下帝國主義覇道横行シ道德ヲ辨ヘス正義ヲ顧ミス唯々武力ヲ以テ侵略ノミ事トシアリ我ニ最モ忌ムヘキ帝案ハ帝國主義ノ侵略ナリ此ノ侵略主義コソ徇武強淫ヲ「モツトー」トシ戰爭ヲ惹起シ國家人民ヲ蠶食シアリ

9

通信检阅月报（7月）

关东宪兵队司令部、中央检阅部《通信检阅月报（7月）》，昭和十五年（1940年）8月18日，其中一封发自重庆的信件中说，由于日军空袭房屋多数被炸，平民生活的苦难无法言表；另一封发自浙江青田县的信件中说，由于日军空袭而损失了很多钱，无法安心居住。

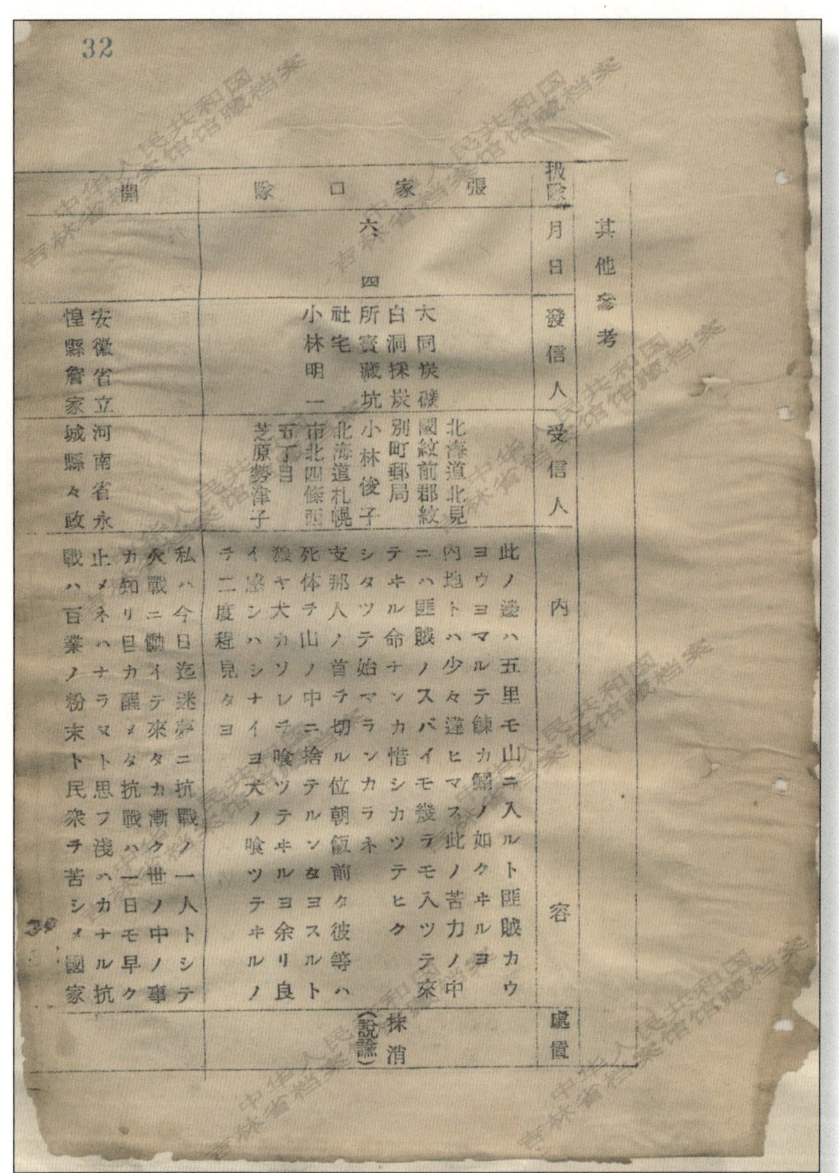

32

	張家口隊	關
報隊 月日	六・四	
發信人	大同炭礦 白洞採炭 所竇藏坑 社宅 小林明一	安徽省立 惶縣會家
受信人	北海道北見 國紋前郡紋 別町郵局 小林俊子 北海道札幌 市北四條西 五丁目 芝原勢津子	河南省永 城縣々政
內容	此ノ邊ハ五里モ山ニ入ルト匪賊カウ ヨウヨマルテ餘カ觸ノ如クキルヨ 內地トハ少々違ヒマス此ノ苦力ノ中 ニハ匪賊ノスパイモ發ラモ入ツテ來 テキル命ナンカ惜シカツテヒク シタツテ始マランカラネ 支那人ノ首チ切ル位朝飯前々彼等ハ 死体テ山ノ中ニ捨テルンタヨスルト 狼ヤ犬カソレテ喰ツテキルヨ余リ良 イ感シハシナイヨ大ノ喰ツテキルノ テニ度程見タヨ	私ハ今日迄迷夢ニ抗戰ノ一人トシテ 久戰ニ働イテ來タカ漸ク世ノ中ノ事 カ知リ巳カ醒メタ抗戰ハ一日モ早ク 止メネハナラヌト思フ淺ハカナル抗 戰ハ百業ノ粉末ト民衆チ苦シメ國家
處置	抹消（說謊）	

通信检阅月报（6月）

华北派遣宪兵队司令官城仓义卫报告的《通信检阅月报（6月）》，昭和十七年（1942年）7月23日，在大同煤矿工作的日本人在信中写道，日军把中国人头颅砍下来，尸体扔到山中，让狼和狗吃。

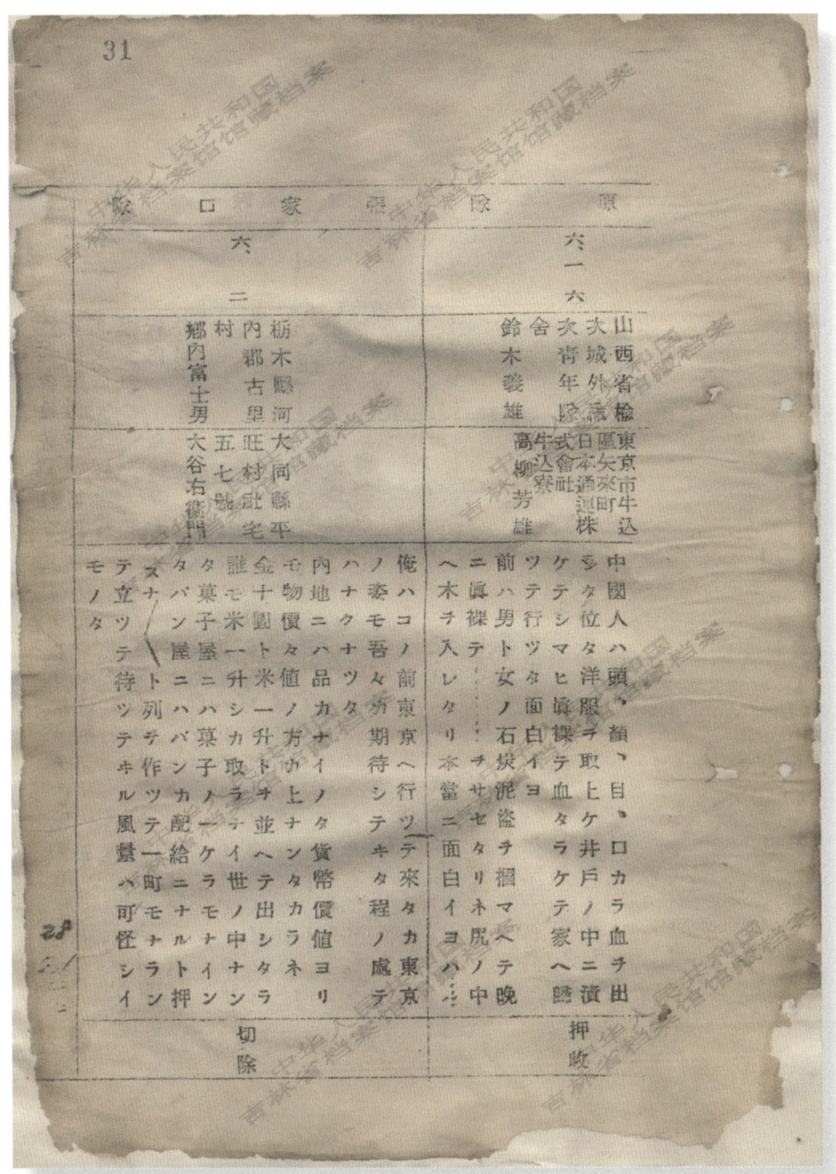

31

原　隊　[illegible]　家　口　隊

六一六	六、二
山西省楡次城外[illegible]次青年隊舍 鈴木義雄	栃木縣河内郡古里村 郷内富士男
東京市牛込區矢來町日本通運株式會社牛込寮 高柳芳雄	大同縣平旺村社宅五七號 大谷右衛門
中國人ハ頭、顔、目、口カラ血ヲ出シタ位タ洋服ヲ取上ケ井戸ノ中ニ漬ケテシマヒ眞裸テ血タラケテ家ヘ歸ツテ行ツタ面白イヨ前ハ男ト女ノ石炭泥盜ヲ摑マヘテ晩ニ眞裸テ……チサセタリネ尻ノ中ヘ木ヲ入レタリ本當ニ面白イヨハ…	俺ハコノ前東京ヘ行ツテ來タカ東京ノ姿モ吾々カ期待シテキタ程ノ處テハナクナツタ内地ニハ品カナイノタ貨幣價値ヨリモ物價々値ノ方カ上ナンタカラネ金十圓ト米一升トヲ並ヘテ出シタラ誰モ米一升シカ取ラナイ世ノ中ナンタ菓子屋ニハ菓子ノ一ケラモナインタバン屋ニハバンカ配給ニナルト押スナ〱ト列ヲ作ツテ一町モナランテ立ツテ待ツテヰル風景ハ可怪シイモノタ
押收	切除

通信检阅月报（6 月）

华北派遣宪兵队司令官城仓义卫报告的《通信检阅月报（6 月）》，昭和十七年（1942 年）7 月 23 日，其中一封日本人发自山西榆次的信中记录日军暴打中国人，把衣服脱下，并把人扔到井里，还有一次把木棍插到屁股里。

前往重庆轰炸的日军飞机

照片来源：日本《历史写真》

海軍
航空隊の
重慶爆撃行

（海軍省貸下）

重庆大隧道惨案中的遇难者遗体。
Corpses of those who died in the Big Tunnel Tragedy, Cho
重慶の大トンネル窒息死事件の死亡者の遺体。

1941 年 6 月 5 日，日机轰炸重庆，引发大隧道惨案。图为重庆大隧道惨案中的遇难者。吉林档案馆残存档案中记述了日军在进行邮电检查时发现重庆某居民写给天津某人的信件，其中因记述大隧道惨案而被部分抹除。

重庆大隧道惨案中，军警在运送遇难者遗体。

日军飞机轰炸重庆后燃起的冲天大火

照片来源：《中国的天空》

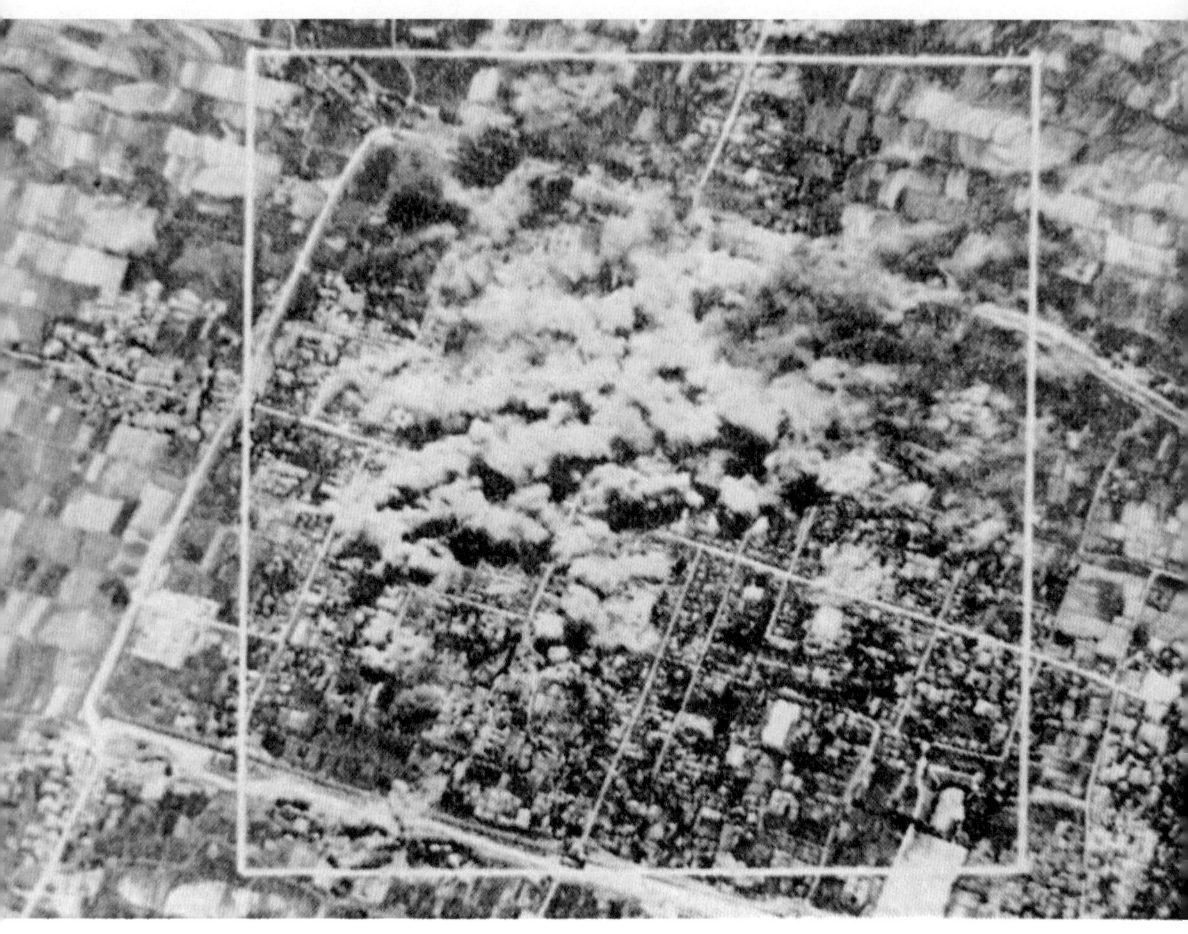

日机轰炸云南保山。

照片来源：日本明信片

日军残忍杀害战俘。档案中记述了日方扣留的士兵小林一郎书信，提到自己在讨伐中杀害了两名中国人，但因为拥有治外法权而毫发无损，表现出某种自得。

照片来源：《不许可写真集》

来月5日山形で上映会

「ある戦犯の謝罪」

旧満州で戦時中に自らが殺した中国人の遺族に謝罪をするため、約半世紀後に現地に赴いた上山市出身の元憲兵、土屋芳雄さん（1911～2001）の姿を追ったドキュメンタリー「ある戦犯の謝罪」（山形放送）の上映会が6月5日、山形市香澄町2の山形市民会館で開かれる。上映会を企画した「土屋さんの戦争体験を語り継ぐ会」の丸一俊介代表(34)は「平和について考える報道は多いが、国や政府ではなく、個人の行為を通し平和について考えてもらいたい」と話している。【前田洋平】

自らの残忍さで責任自覚

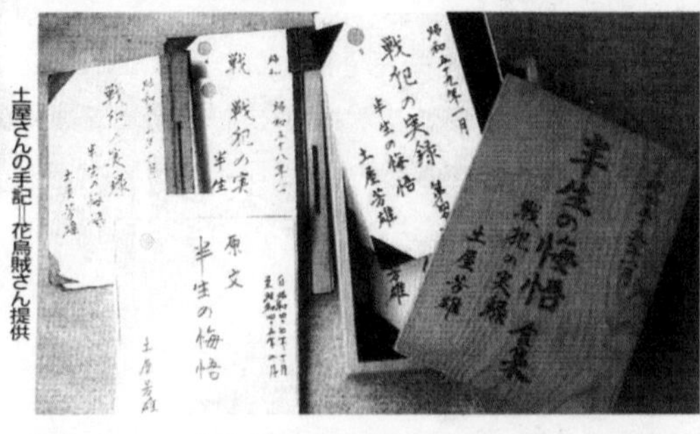

土屋さんの手記＝花烏賊さん提供

個人の行為で平和を考える

土屋さんは旧満州で中国人1917人を逮捕、拷問し、328人を処刑した。ドキュメンタリーは90年6月、自らが殺した張恵民さんの5人の子供の消息を知った土屋さんが「死ぬ思い」で自らの過去と向かい合い、謝罪の旅に出る姿を追った。

土屋さんが謝罪をしようと思ったのは、シベリアと中国・撫順で11年間の収容所暮らしを経験して「上官の命令で仕事として殺していた」という認識を改めたからだ。自らの行為の残忍さと責任を自覚したという。

土屋さんの手記をもとに、2年間にわたるインタビューを行い、02年に「人間の良心」（北の風出版）を出版した児童文学者の花烏賊康繁さん(63)は「土屋さんが他人に比べて秀でていたのは自分の過ちに気がついた時、責任転嫁しなかったこと。たとえ上官の命令だとしても、自分の残虐行為に対する責任感を失わなかった。戦争や平和というと国家や政府の問題と考えがちだが、私たち個人個人が責任を負っているのだということを考えさせられる」と語る。

上映会は5日午後1時半から。資料代200円、学生は無料。上映後に花烏賊さんが「元憲兵・土屋芳雄の生涯」と題して1時間の講演をする。問い合わせは丸一代表（090・2984・1721）。

土屋さんを追うドキュメンタリー

憲兵時代の土屋さん＝花烏賊さん提供

档案中记载了从山西榆次铃木义雄发出的信件，内容是如何对中国人实施拷打，并称这种行为有趣。这样的暴行在当时的日军中极为普遍。图为 2010 年 5 月 29 日日本《每日新闻》刊登的基于原日军宪兵土屋芳雄的半生忏悔而拍摄的纪录片——《战犯的悔悟》的介绍。土屋对自己曾在中国东北逮捕拷问千余中国人并对其中 300 余名处以死刑的事实直言不讳，并用约 30 年的时间忏悔自己的罪行。他在 2001 年去世前讲，日本尽管已经进入了战后的时代，但仍持续着战争状态，国民的思维中还保持着和战争时相同的地方。

照片来源：《一亿人的昭和史》

解放后开挖大同煤矿附近日本侵略者残杀中国人形成的万人坑。档案中记录了大同煤矿附近日军如是杀害中国人并将其尸体抛弃，以致被野狗所食的暴行。

这部分档案中可见日军对邮件审查后，有些寄送者会因为信中文字的原因被日军进一步调查。图为日军进行调查的所谓刑务所，名为监狱，实则大部分人有进无出。

照片来源： 日本外务省档案

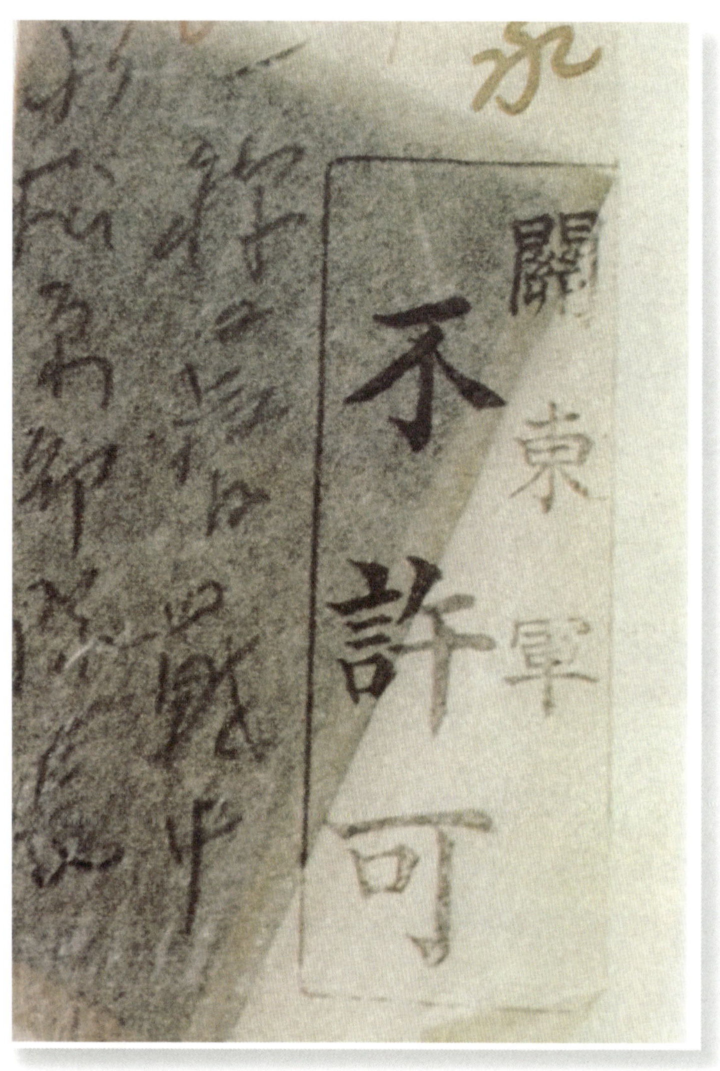

为了避免其在国外的暴行传到本国，日军执行了严格的邮政检查制度。无论是信件还是新闻照片，只要加上关东军的“不许可”标志，日本战败前便不会出现在公众面前了。

照片来源：《不许可写真集》

战争期间，如档案中小山三郎那封信一般，日方对于描述战争悲惨情景的士兵书信、记者照片通常予以扣留，以免影响士气。图为日随军记者所拍摄的在攻打东沙群岛时被中国海军陆战队击毙日军之墓地，也被裁定不许发表。

照片来源：《不许可写真集》

ホリカン本部にて慰霊祭　弔詞奉読　森村聯隊長

正如档案中丰宁县金寺卿在信中所述，残杀无辜的日军讨伐队有时也会遭到伤亡。如图即为驻扎在鹤立岗（今黑龙江鹤岗市）的日军正在追悼1938年2月在萝北阵亡的日军。但日军对这样的伤亡通常都会百般掩盖。

照片来源：《满洲开拓团史》

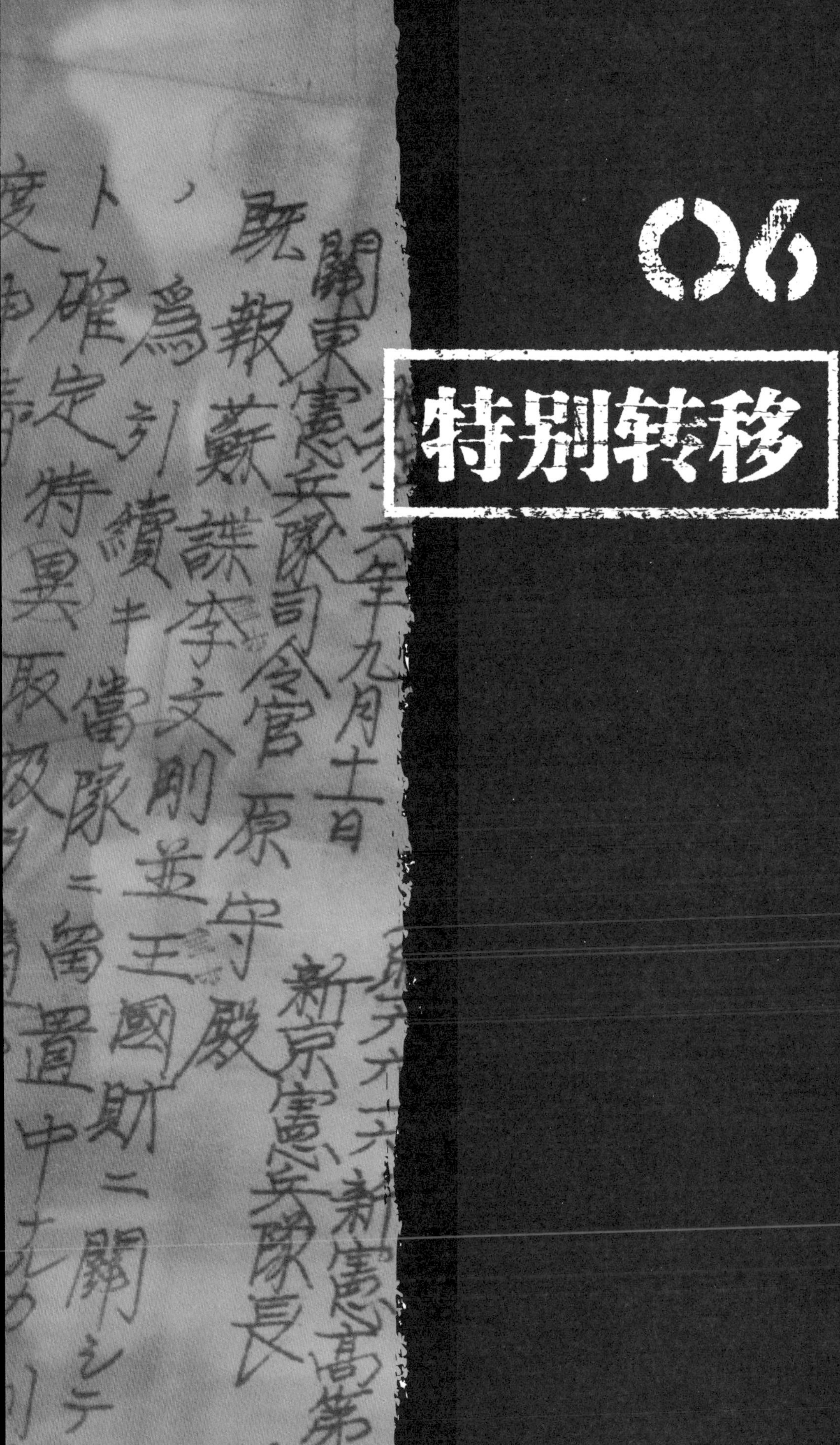

06 特别转移

06 特殊转移

吉林省档案馆整理的关东军档案中，有大量关于“731”部队的内容，揭露了侵华日军在占领区进行细菌武器试验的残酷暴行，证实“731”等18个细菌部队是日军侵略扩张的重大战略之一。

这部分档案形成于1936年到1945年5月，包括81卷、400余件纸质档案和70余盘声像档案。内容包括“731”部队在新京（长春）、农安进行“防疫”（细菌战代称）活动、关东宪兵队向“731”部队实施“特别移送”，以及石井四郎的活动记录。

1931年“九一八事变”后不久，臭名昭著的“731”部队成立。该部队由石井四郎指挥，在哈尔滨建立了世界战争史上最大的一处细菌战研究试验基地。该部队利用健康人体进行鼠疫、伤寒、赤痢、霍乱、炭疽、结核、梅毒等生物菌的研究实验。至1945年日本战败投降，有数千名中国抗日爱国军民以及苏联、蒙古、朝鲜等国家的反法西斯人士被残害。

根据档案记载，1937年8月9日东安宪兵队司令部在一份报告书中指出，今后凡涉及细菌战的，一律用匿称“细防”，即“细菌防疫”。日军细菌战的主要负责人石井四郎曾多次参加“防疫”会议。这种使用匿称的做法解释了近年来在公开的档案中为何很难找到日军细菌战相关资料。

档案中还记载了当时关东军总动员下达捕鼠指令的情况。据载，当时关东军给市民发放捕鼠笼2万个，捕鼠任务活鼠45万只，受理活鼠9万只，并根据捕鼠的多少给予一定的奖励。如此大量捕捉活鼠并非真正“灭鼠”，其真实用途是进行鼠疫研制。

在另外77卷关于“特别移送”的档案中记载，被关东宪兵队申请或指令“特别移送”到“731”部队的人员共计372人，其中包括来自中国、苏联、朝鲜等国的被移送人员。所谓“特别移送”，就是日军将“没有利用价值”的犯人交给“731”等细菌部队，供其做活体试验。资料显示，其中多数人被用于细菌研制。1938年1月26日，日本关东宪兵队制定了“关于‘特别移送’的通牒”，规定了移送人员的标准，主要分为间谍（即所谓的破坏分子）和思想犯（即从事民族解放运动和共产主义运动的人）两类。

吉林省档案馆此次公布的档案共涉及277名被关东宪兵队“特别移送”到“731”部队的抗日人员，他们分别来自中国、朝鲜和苏联，其中中国272人、朝鲜4人、苏联1人，年龄上至六七十岁的老人，下至十六七岁的青年。这些人均被送至“731”部队进行细菌试验。

在这277位“特别移送”人员中，有一位名叫姜荣泉的劳工，是惟一在押送途中逃脱魔掌的人。姜荣泉出生于山东省东平县零孤村，被捕时居住在伪满黑河省欧浦县欧浦齐扎街。姜荣泉没读过书，在山东老家曾种过地、当过人力车夫。1933年来到伪满黑河省做采金工。1941年8月，他越境进入苏联境内，在布拉戈维申斯克（海兰泡）的国境守备队接受苏军的教育和训练后，承担起潜返侦察黑河省附近飞机场位置、飞机情况以及黑河日满军状况的任务。同年9月返回黑河，11月18日被黑河宪兵队逮捕。12月15日，孙吴宪兵队以该人“有憧憬苏联的思想，容易再次入苏，并无利用价值，为净化国境地带，认为将其特别移送最为适当”，上报关东宪兵队。

另据档案记载，28岁的朝鲜人李基洙于1941年7月20日被延吉宪兵分遣队在伪“间岛省”珲春县春化村抬马沟逮捕；苏联人巴斯洛因“积极协助丈夫从事情报活动”，被日军“严重处分”。这两人都被实施“特别移送”处理。

吉林省档案馆通过对日军遍布占领区的18个师团、数百个和研制细菌相关部门设置的起始时间的研究，发现日军每攻占一个区域便设置一个细菌部队。多个档案已经证实，“731”等18个细菌部队是日军侵略扩张的重大战略之一。

相关档案证明，日军“731”等细菌部队共对中国20个以上省市实施细菌战161次，造成疫情患者约237万。中央档案馆有据可查的数字是造成死亡27万人。

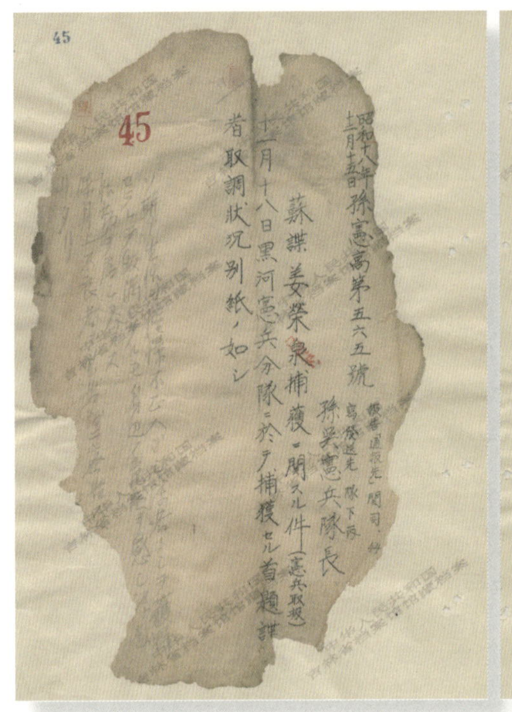

45

昭和十八年十二月十五日 孫憲高第五六五號

孫呉憲兵隊長

蘇諜姜榮泉捕獲ニ関スル件

十一月十八日黒河憲兵分隊ニ於テ捕獲セル首題諜者取調状況別紙ノ如シ

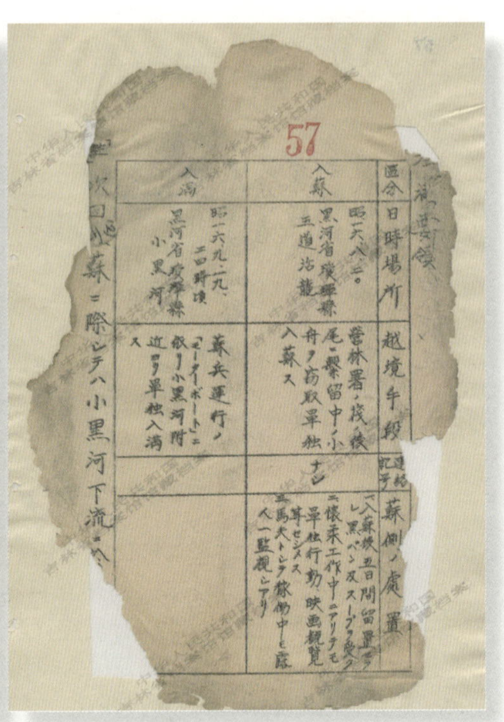

57

區分	入蘇	入満
日時場所	昭一六.八.二. 黒河省璦琿縣五道溝	昭一六.九.一九. 二四時頃 黒河省璦琿縣小黒河
越境手段	營林署ノ筏後尾ニ繋留中ノ小舟ヲ窃取単独ナシ入蘇ス	蘇兵運行ノ「モーターボート」ニ依リ小黒河附近ヨリ単独入満ス
連絡記事		
蘇側ノ處置		

蘇ニ際シテハ小黒河下流ニ

关于逮捕苏谍姜荣泉之件报告

孙吴宪兵队《关于逮捕苏谍姜荣泉之件报告》，昭和十八年（1943年）12月15日，记录了姜荣泉执行侦察任务时被俘的过程。

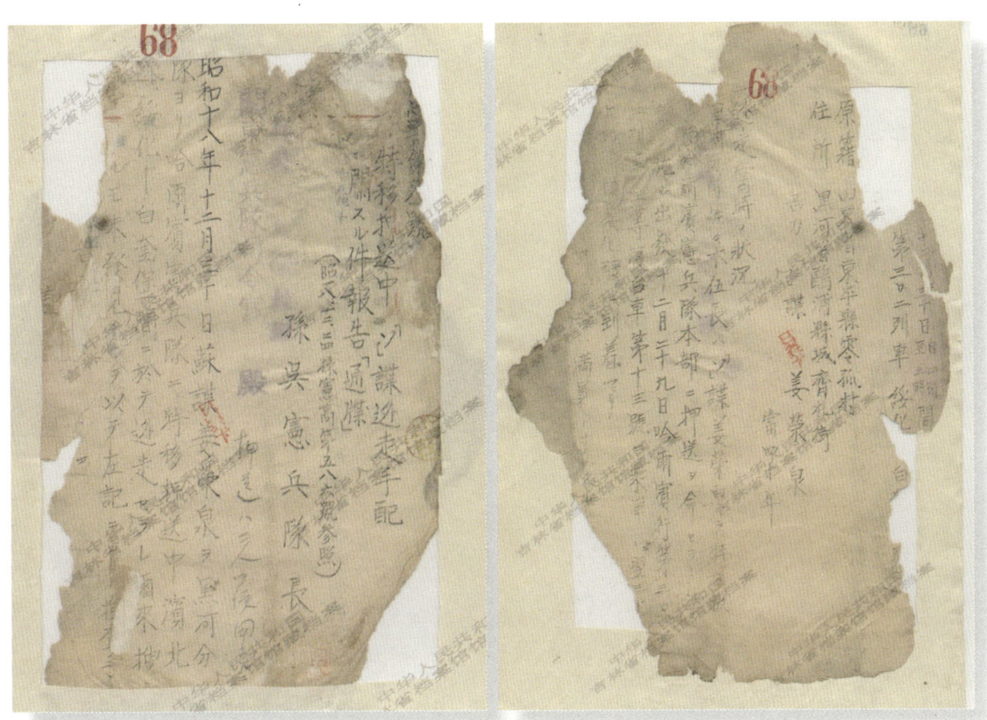

特移押送中ノソ諜逃走ニ関スル件報告「通牒」

孫呉憲兵隊長

昭和十八年十二月二十二日

关于特移押送中苏间谍逃跑之件报告（通牒）

孙吴宪兵队《关于特移押送中苏间谍逃跑之件报告（通牒）》，昭和十八年（1943年）12月22日，记录了姜荣泉在移送过程中逃走的情况。

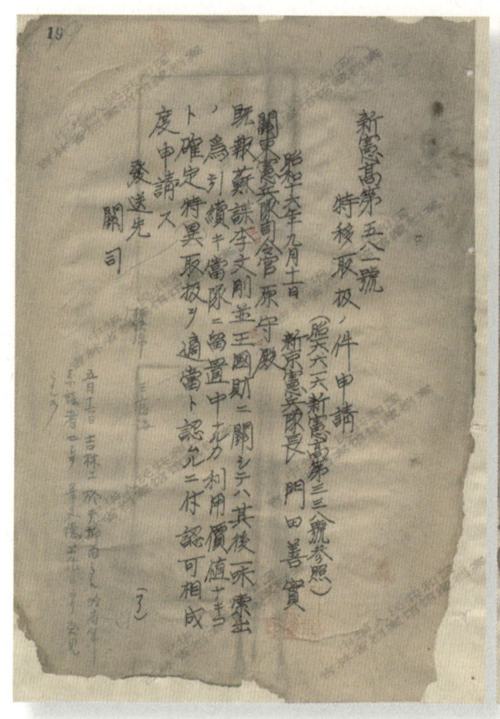

新憲高第五八二號
特移取扱ノ件申請
(昭一六、六、一六新憲高第三三八號参照)
昭和十六年九月十一日　新京憲兵隊長　門田善實
關東憲兵隊司令官　原守殿
既報蘇諜李文剛並王國財ニ關シテハ其後（未完）
ノ為引續キ當隊ニ留置中ナルカ利用價値ナキモノ
ト確定特異取扱ヲ適當ト認ムルニ付認可相成
度申請ス
發送先
關司

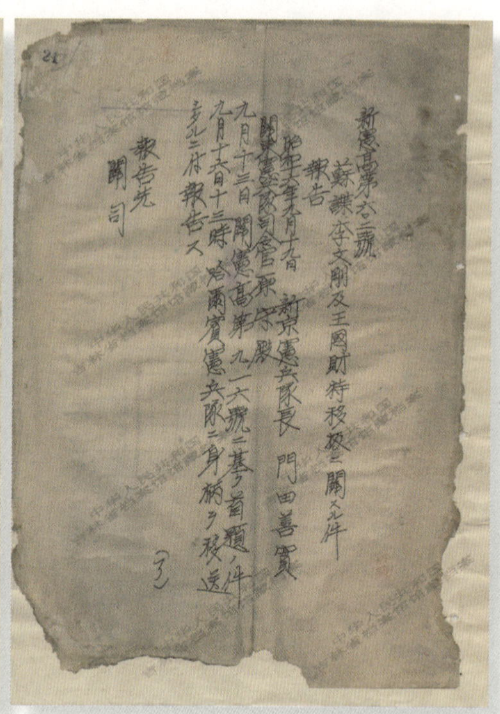

新憲高第六一三號
蘇諜李文剛及王國財特移移送ニ關スル件
報告
昭和十六年九月十六日　新京憲兵隊長　門田善實
關東憲兵隊司令官　原守殿
九月十三日關憲高第九一六號ニ基ク首題ノ件
九月十六日十三時哈爾賓憲兵隊ニ身柄ヲ移送
セルニ付報告ス
報告先
關司

苏联间谍李文刚、王国财申请特移之件

新京宪兵队长门田善实《苏联间谍李文刚、王国财申请特移之件》，昭和十六年（1941年）9月11日。

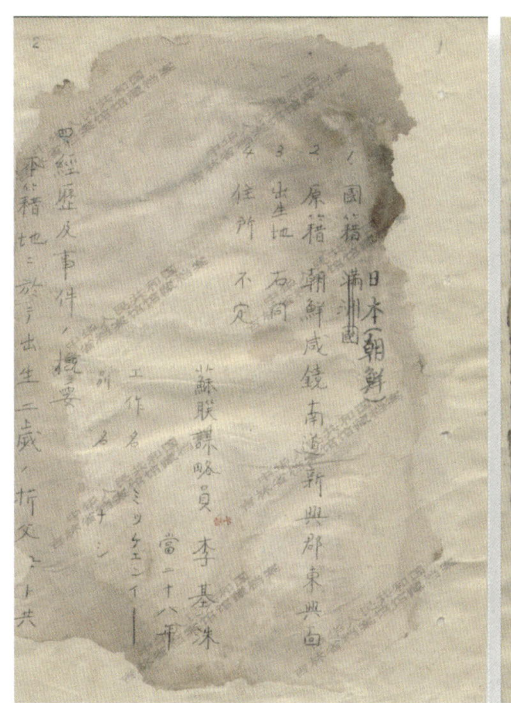

1 國籍 日本(朝鮮) 滿洲國

2 原籍 朝鮮咸鏡南道新興郡東興面

3 出生地 右同

4 住所 不定

蘇聯諜略員 李基洙 當二十八年

工作名

別名

四 經歴及事件ノ概要

本籍地ニ於テ出生二歳ノ折父ト共

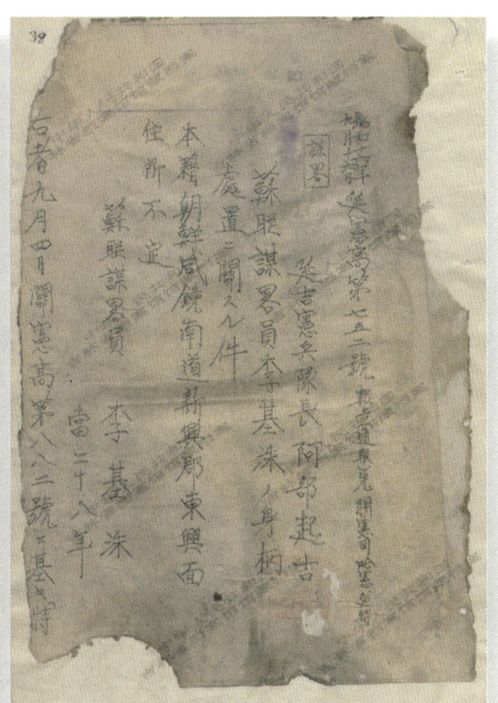

延憲高第七五二號

延吉憲兵隊長 阿部起吉

蘇聯諜略員李基洙ノ身柄處置ニ關スル件

本籍 朝鮮咸鏡南道新興郡東興面

住所 不定

蘇聯諜略員 李基洙 當二十八年

右者九月四日關憲高第八八二號ニ基キ特

苏联间谍李基洙本人处置之件

延吉宪兵队长阿部起吉《苏联间谍李基洙本人处置之件》，昭和十六年(1941年) 9月16日。

特别移送，即日方将战俘、被捕谍报人员乃至平民转送“731”部队的匿称。图为臭名昭著的“731”细菌战部队指挥官石井四郎少将。

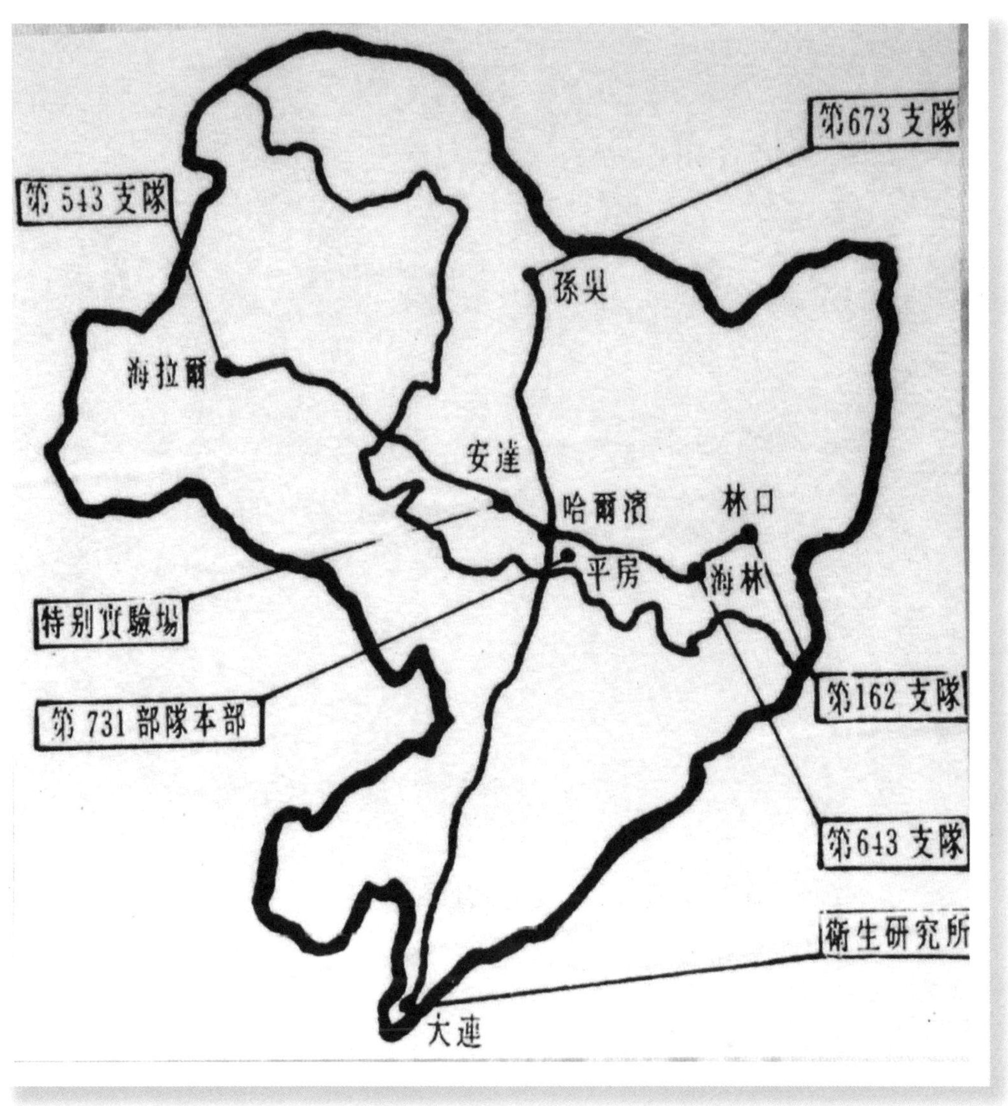

731部队所属支队位置示意图。

接收特别移送人员实施细菌试验的日军“731”部队高级军官合影。

照片来源： 私人收藏

经特别移送被交给“731”部队的中国战俘。

照片来源：《一亿人的昭和史》

日军经常使用铁路进行所谓特别移送。图为日本警宪押送被俘抗日人员上火车，可见戒备之森严。姜荣泉能在这样的押送中脱逃，堪称奇迹。

照片来源：铃木《在满纪念》

特别移送过程中，“731”部队第 21 野战防疫给水部队正在让中国战俘处理个人卫生，日方称之为“防疫”。但战俘们随后的命运可以想象。

照片来源：《一亿人的昭和史》

特别移送过程中，“731”部队第 21 野战防疫给水部队正在检查中国战俘。

照片来源：《一亿人的昭和史》

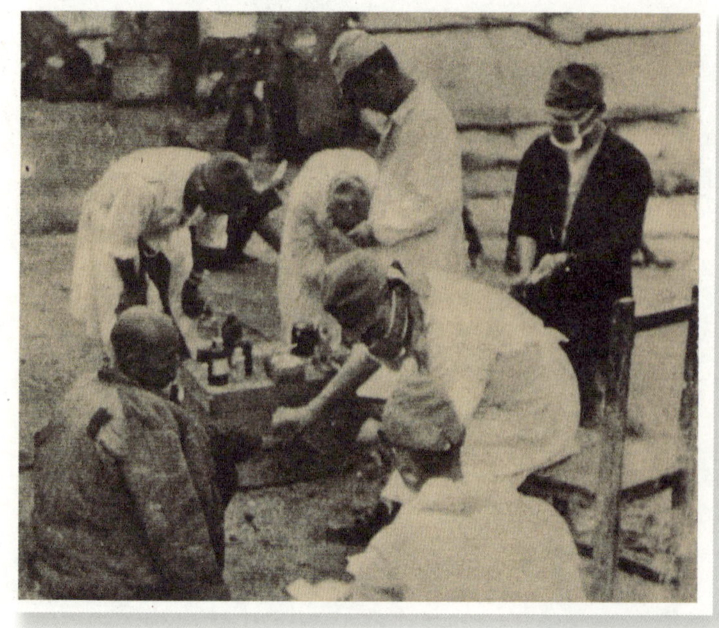

“731”部队的卡车在警戒关押中国战俘的集中营。

照片来源：《一亿人的昭和史》

通过在特别移送人员的血肉之躯上进行活体试验，日军建立起了细菌战能力，并将其使用在了战场上。图为日军“731”部队在1939年诺门坎战役中实施细菌战，中间戴战斗帽者为部队长石井四郎少将。

照片来源：（日本）七三一研究会

“731”部队残存的火化炉烟囱。被特别移送到此的人们，最终的命运都是化作此处的一缕青烟。

照片来源：私人收藏

档案中被移送"731"部队的被俘人员，都被称为苏谍（即苏方情报人员）。第二次世界大战中，尽管日本与苏联一度签订了互不侵犯条约，但日本一直十分重视对苏作战准备和情报战。这是日本关东军中专门的对苏情报战军官合影，其中不乏从苏联红军中叛逃的人员。

照片来源：《满洲国警察小史》

抗日战争中，曾有若干中国爱国者帮助苏联方面收集情报。如张惠民烈士（又名张庆民，图中右五）在审讯中所说，这样做，是因为我国面对日本侵略力量弱小，需要与其他国家共同作战，才能达成民族解放之目的。张惠民烈士并没有被送往“731”部队，他在受尽酷刑后，于齐齐哈尔监狱参与组织义勇军被俘人员起义，不幸未能脱身，被日军枪杀。根据日本宪兵土屋芳雄的记载，张惠民在临刑前含笑以对，毫无惧色。

照片来源：某宪兵的日记

1940 年在宝清地区活动时不幸被俘的地下工作人员。根据日本关东军 1938 年 1 月 26 日的规定，很多这样的抗日人员被特别移送到“731”部队，成为细菌战人体试验的材料，被称作“马路他”。这些人中，目前唯一有记载脱逃成功的，即为档案中所记载的姜荣泉。

照片来源：铃木《在满纪念》

在特别移送中成功脱逃的姜荣泉表现出极强的军事素养和求生欲望，这体现了当时中苏合作的情报工作者的共同特点：他们大多是东北抗日联军的优秀战士，又经过苏方的特种训练，能力极强。图为当时与姜荣泉执行同样的侦察任务的东北抗日联军教导旅侦察员孙长祥（左）和吴竹顺，1942 年摄于乌苏里斯克（双城子）。

照片来源：私人收藏

黑河日军飞机场旧址残存的警卫机场的碉堡。据档案记载分析，姜荣泉便是在侦察这个机场时不幸被捕的。

照片来源：私人收藏

日方在档案中称李基洙、姜荣泉等为苏谍，实际上，根据当时的历史情况分析，他们很可能都是属于东北抗日联军教导旅（苏联红军授予该部队远东红旗军第 88 旅番号，又称国际旅）的人员。这支部队与苏联远东情报局合作，经常以特种作战的形式入境袭击日军和实施侦察，黑河等地正是他们侦察的重点地区。图为该部队军官证。

照片来源：私人收藏

档案中提到的被移送"731"部队的李基洙等人属于朝鲜抗日志士。日本强行吞并朝鲜后，朝鲜抗日志士纷纷转移到中国境内继续抵抗。图为 1933 年在沈阳试图刺杀日本关东军司令的朝鲜暗杀团，不幸壮志未酬，被日军捕获。

照片来源：《历史写真》杂志

被特别移送到“731”部队的各国人员，几乎均死于日军的细菌试验和活体解剖，除姜荣泉外未闻幸存者。“731”部队罪行可谓昭彰，以至于日本的正义力量都忍不住要问为何“731”部队的罪行没有被彻底清算。

照片来源：日本电视截屏

罪恶累累的“731”部队，却在日本东京的多摩陵园中拥有一座占地颇广、造型豪华的所谓精魂碑。

照片来源：私人收藏

驚嘆且痛惜シ仇敵米英撃滅ノ戦意ヲ昂揚
アルカ一部ニハ之ニ依リ帝國海軍ノ敗戦乃至苦戦
状況ヲ臆測スルモノ或ハ戦死ニ對スル批判的言動
洩スモノ等アリ
状況左表ノ如シ

階級別	動向

07
慰安妇

07 慰安妇

一直以来，日本政界学界部分右翼分子辩称，强征、购买慰安妇不是国家行为或军队行为，而是当时民间业者的自发行为。但吉林省档案馆从新发现的档案中，找到了大量证据，表明日军强征慰安妇是国家行为。

多份档案显示，强征慰安妇、建立慰安所是侵华日军以公款支付的官方行为。在1945年3月27日到4月19日之间的《经济部、满洲中央银行、奉天、牡丹江、鞍山支店及日本大使馆等对领事馆经费、旅费、慰安妇采购资金等函电》文件中，记录有满洲中央银行鞍山支店经关东军第四课的批准，以军用公款科目转账划拨日军购买慰安妇专项资金等内容。类似形式的慰安妇经费划拨在其他电话记录中还有很多。

关东军宪兵队司令部全宗东宪高第三〇五号《思想对策月报》，系日本宪兵队发现的贴于牡丹江绥阳街特殊慰安所附近电线杆上的讽刺标语，证明在牡丹江不但设有日军慰安所，而且这些慰安所系侵华日军直接管理。

记录于承德地方检阅部《通信邮检月报》的一封发信者是武田武二郎、收信者是秋田市大町四的村上英子的信中写道：住在黑河市街北四里山神府兵舍的川村、井上、绵引等几位都畅谈着回到后方的那一天。他们在一望无际的旷野上连个村子都不见的地方，唯一看到的是利用陆军官舍一角开设的东西向的慰安所。慰安所的兵力（指慰安妇）只有20名，清一色是朝鲜人。迫于国家总动员法，被分给了或"芳子"或"花子"什么的粉色配给券（供士兵们享用）。配给券也有滥用职权的现象，基本是军官们专用。

日军华中派遣宪兵队司令官大木繁报南京宪兵队地区治安恢复状况旬报中的第十一项内容，即日军在各地设置慰安设施的状况。统计表显示了南京周边下关、镇江等9地7处设置慰安所的情况，包括当地驻扎士兵人数、慰安所中的慰安妇人数、每名慰安妇对应的日军人数，以及每旬日军利用慰安所的情况。南京周边地区的慰安所，最多时每旬1名慰安妇要被267名士兵"利用"，最少时也要应对71名官兵。该文件还记录了慰安妇群体的构成情况，其中一个慰安所内有36名朝鲜慰安妇。

吉林省档案馆此次整理公布的32件关于慰安妇问题的档案资料中，详细揭露了日军强征、奴役、虐待慰安妇的暴行。

根据档案记载，当时日军对慰安妇非常残暴，欺侮、虐待慰安妇是家常便饭。一份《宪兵月报》记录有铁道工厂的一名日军士兵喝醉酒之后到军队的慰安所对慰安妇施暴并破坏器物的内容。在一些《邮政检阅月报》中，中国百姓、日本军人及家属在给家人或朋友的信件中也记录了大量日军奴役慰安妇的罪行。

《宪兵调查军人犯罪情况表》中，记录了军人森本直市、金箱竹次郎等酒醉后到慰安所，对慰安妇进行殴打施以暴行的事实，以及陆军士兵鹤冈义德在海拉尔市日军慰安所登楼游玩，并盗取慰安妇手表一只的事实等。

慰安妇问题是日本在第二次世界大战期间犯下的三大反人类罪行之一。据不完全统计，日本当时在亚洲很多国家强征慰安妇，总数在40万人以上。中国是日军慰安妇制度的最大受害国，至少有20万中国妇女在刺刀下成为慰安妇，日军慰安所遍及中国20多个省。

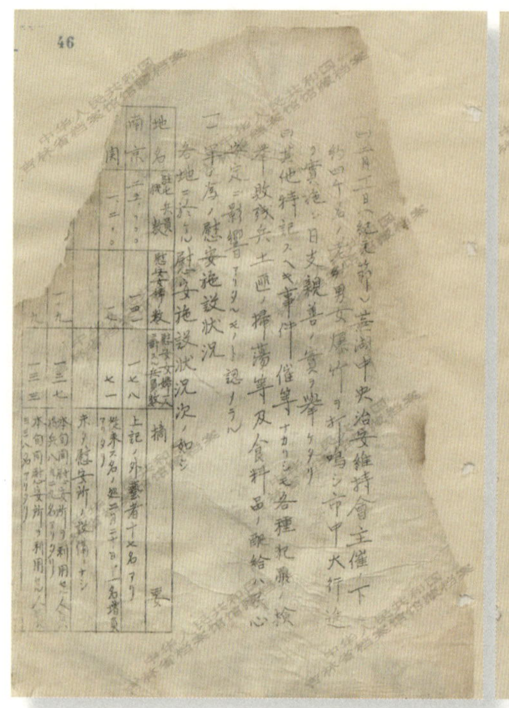

46

(三)二月十一日ハ紀元節ニシテ南京中央治安維持會主催ノ下約四千名ノ老若男女爆竹ヲ打鳴シ市中大行進ヲ實施シ日支親善ノ實ヲ擧ケタリ
(四)其他特記スヘキ事件ナカリシモ各種祝典ノ催等並敗殘兵土匪ノ掃蕩等及食料品ノ配給ハ民心ノ安定ニ影響アリタルモノト認メラル
二、軍ノ為ノ慰安施設狀況
各地ニ於ケル慰安施設狀況次ノ如シ

地名	駐屯兵員数	慰安婦数	慰安婦一人ニ對スル兵員数	摘要
南京	二五、〇〇〇	一四一	一七八	上記ノ外藝者十七名アリ
下關	一、二〇〇	一七	七一	從來六名ノ処二月二十日十一名増員アリタリ
[illegible]	[illegible]	[illegible]	[illegible]	未タ慰安所ノ設備ナシ
[illegible]	[illegible]	一九?	一三七?	本旬間慰安所ヲ利用セシ人員兵八[illegible]名アリタリ
[illegible]	[illegible]	九?	一三三?	本旬間慰安所ヲ利用セシ人員[illegible]名アリタリ

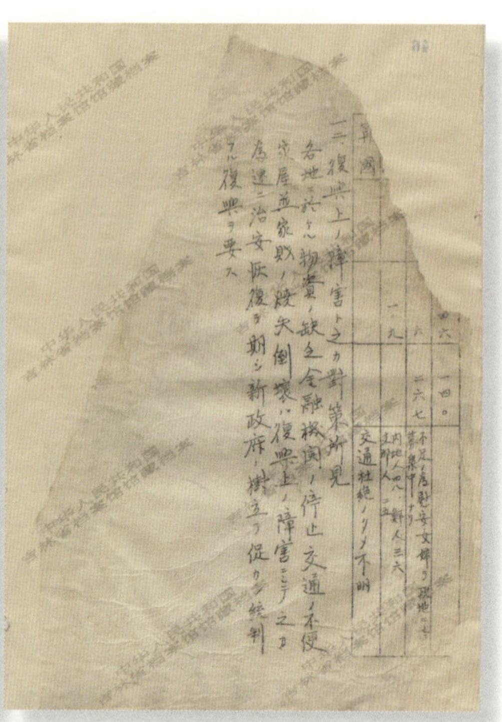

[illegible]	[illegible]	一四〇	不足ノ為慰安婦ヲ現地ニテ募集中ナリ
[illegible]	六	二六七	内地人四八、支那人二五、鮮人三六
[illegible]	一九	[illegible]	交通杜絶ノタメ不明

三、復興上ノ障害ト之カ對策所見
各地ニ於ケル物資ノ缺乏金融機關ノ停止交通ノ不便家屋並家財ノ燒失倒壞ハ復興上ノ障害ニシテ之カ為速ニ治安恢復ヲ期シ新政府ノ樹立ヲ促カシ統制アル復興ヲ要ス

关于治安恢复状况调查之件报告（通牒）

华中派遣宪兵队司令官大木繁《关于治安恢复状况调查之件报告（通牒）》，昭和十三年（1938 年）2 月 28 日，记载了南京周边下关、镇江等地慰安设施的情况。

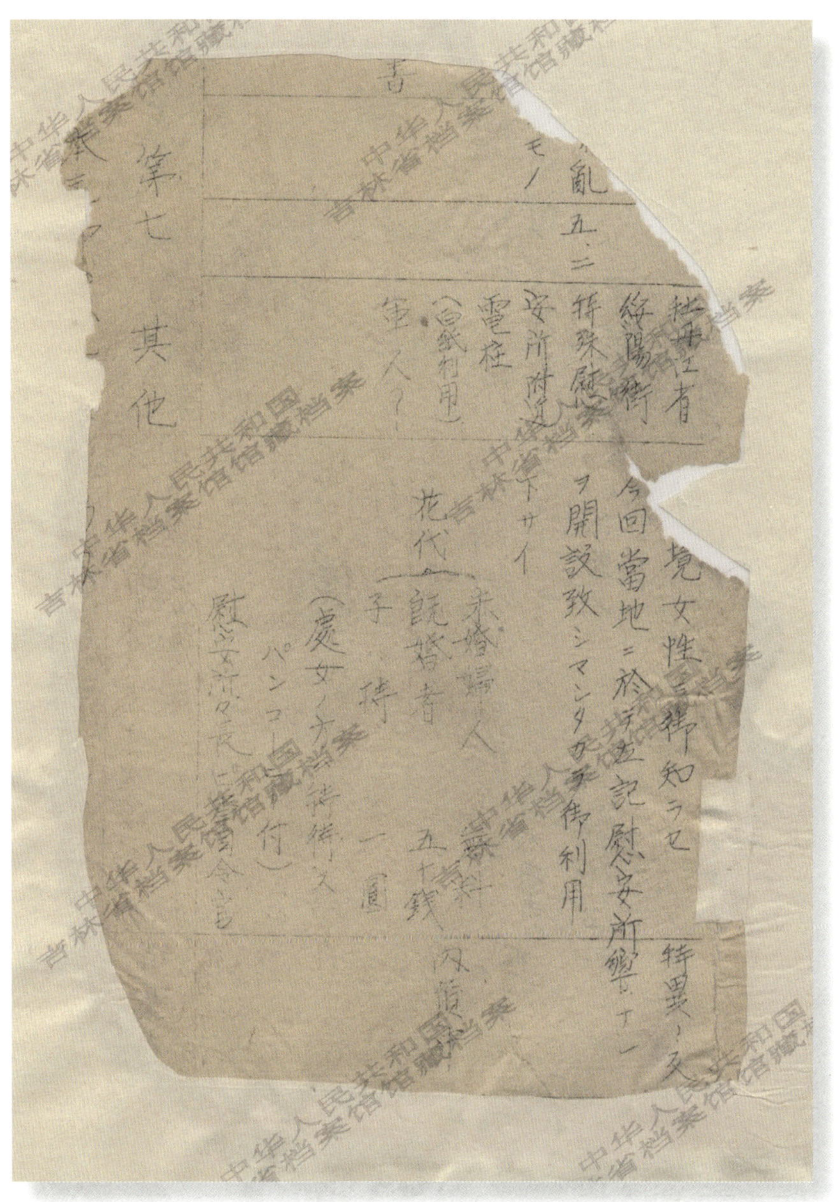

第七 其他

乱

五.二

經營者 綏陽街

特殊慰安所附近

電柱

（回数利用）

竟女性ニ御知ラセ

今回當地ニ於テ左記慰安所ヲ開設致シマシタカラ御利用下サイ

花代

未婚婦人

既婚者 五十銭

子 時 一圓

（處女ノ方

パンコ 付）

慰安所

特要ノ叉

思想对策月报

鸡宁临时宪兵队《思想对策月报》，记载日军就地招募慰安妇。

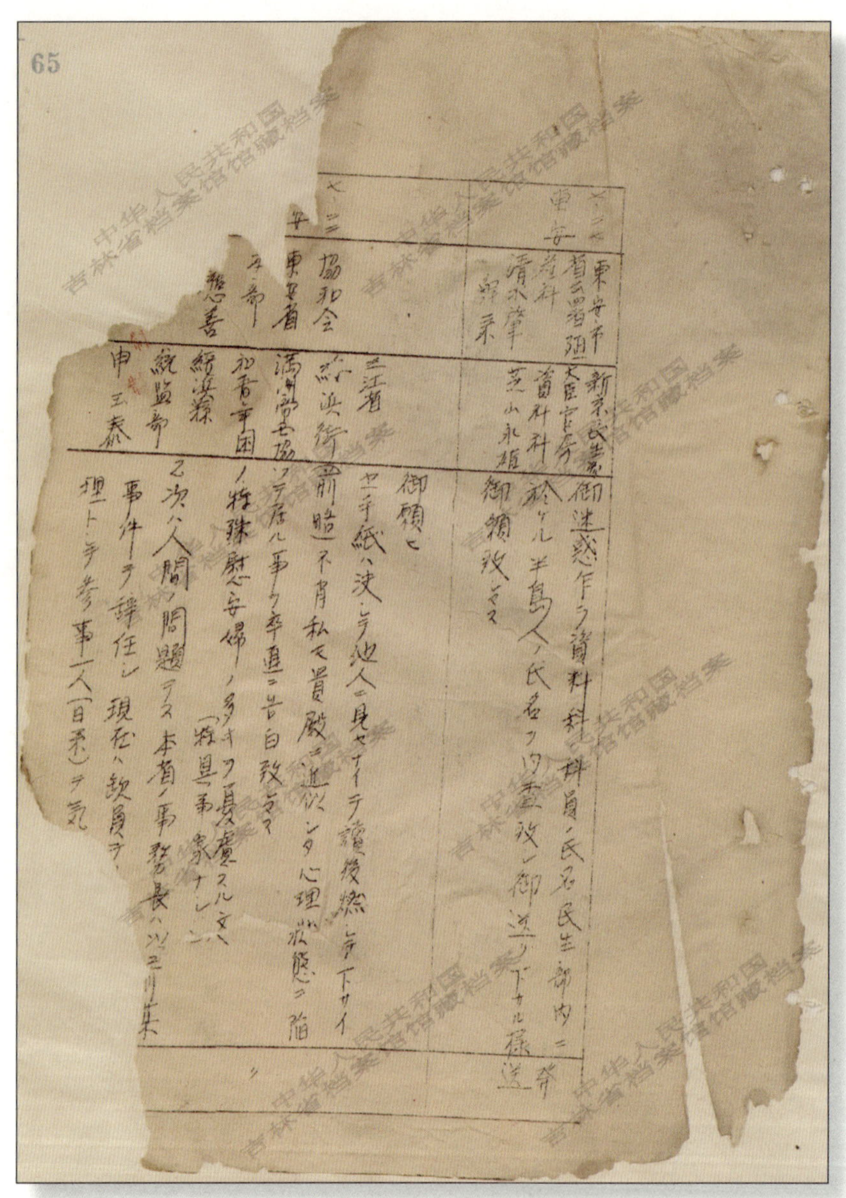

65

七・二二 東安	七・二〇 東安
協和会 東安省 本部 慰善	東安市 省公署理 渡科 清水孝 郎
三江省 佳木斯街 満洲帝国協和会 青年団 統監部 申玉泰	新京民生部 省科科 莞山永桓
御願ヒ 此ノ手紙ハ決シテ他人ニ見セナイデ讀後燃シテ下サイ 前略 不肖私ハ貴殿ニ追従シタ心理状態ニ陥ッテ居ル事ヲ率直ニ告白致シマス 青年団ノ特殊慰安婦ノ多キヲ憂慮スル文ハ（特ニ県事務ナレバ） 乙次ハ人間ノ問題デス 本省ノ事務長ハ以前ニ川某 事件デ辞任シ 現在ハ欠員デ 理ト云フ参事一人（日系）デ気	御迷惑乍ラ資料科科員ノ氏名民生部内ニ於ケル半島人ノ氏名ヲ内査致シ御送リ下サル様 御願致シマス

邮检月报

哈尔滨地方检阅部《邮检月报》，信中提及忧虑特殊慰安妇增多的情况。“特殊慰安妇”特指地位较日本慰安妇低下的朝鲜半岛慰安妇，从目前发现的文档中看，她们往往被作为性奴隶。

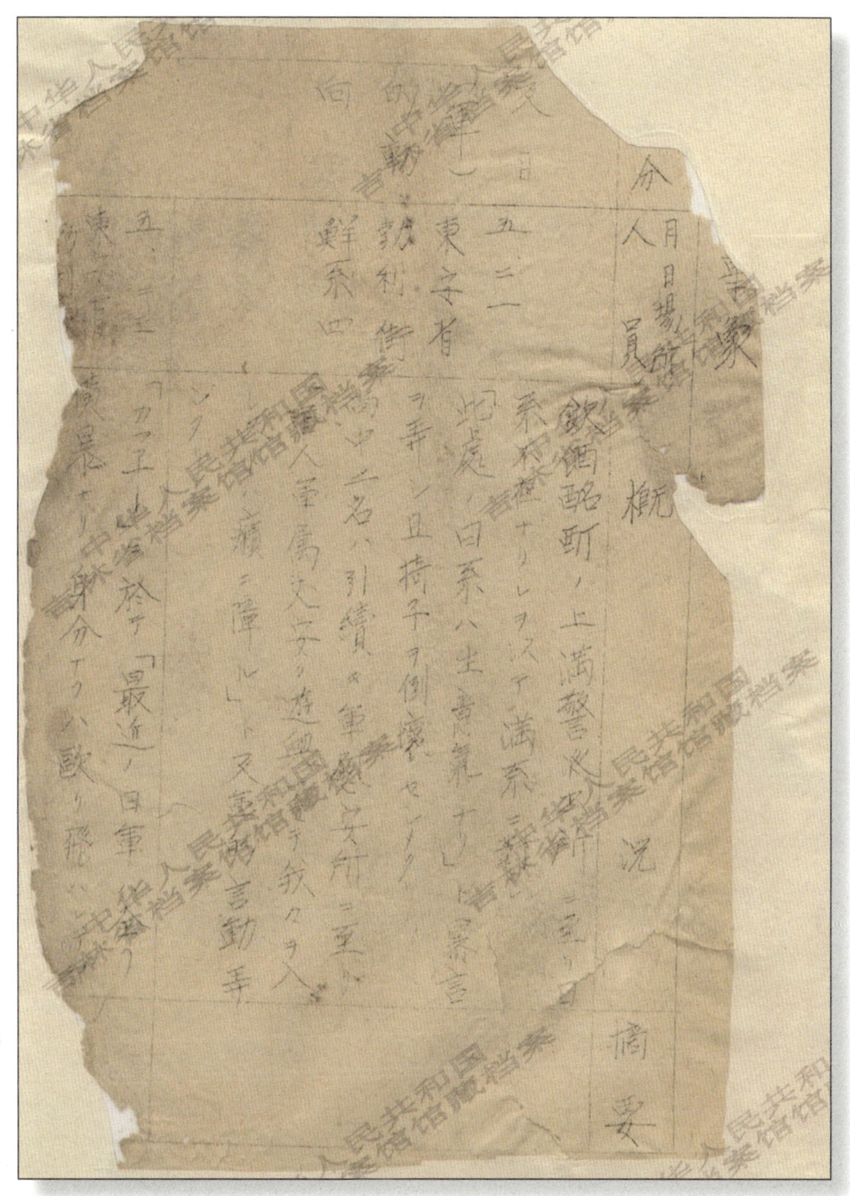

思想对策月报

鸡宁临时宪兵队《思想对策月报》，记载两名朝鲜（族）人因不满军队慰安所只招待军人及军属而打砸。

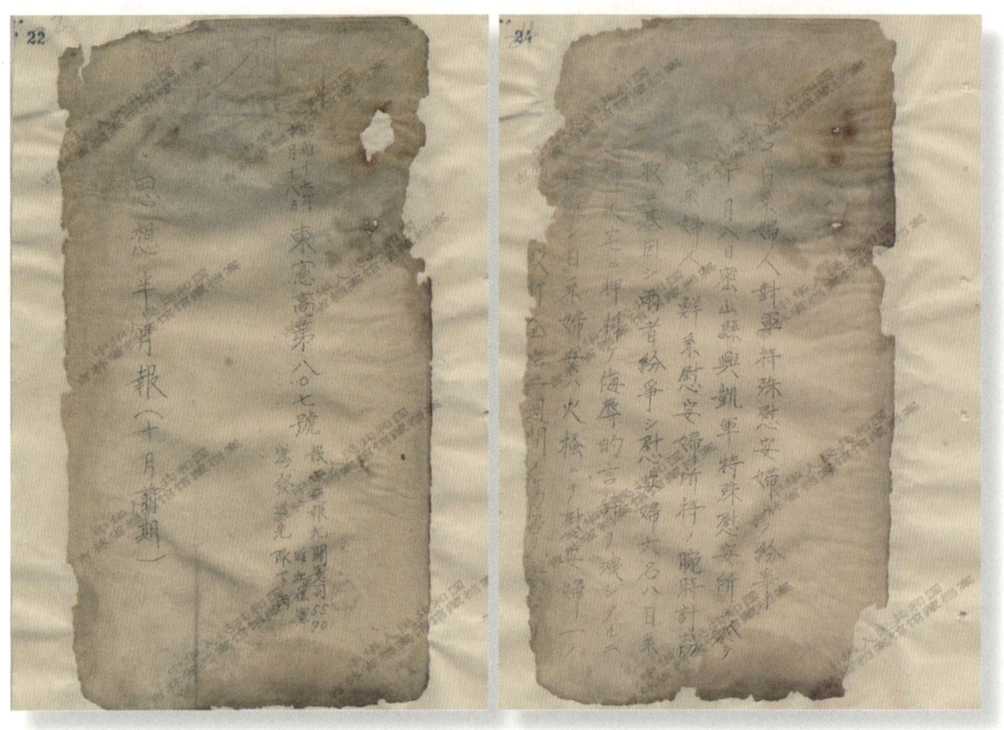

22

昭和十七年十月十八日 東憲高第八〇七號

思想半月報（十月前期）

24

日系婦人對軍特殊慰安婦ノ紛争

十月八日密山縣興凱軍特殊慰安所ニ於テ

日系婦人ト鮮系慰安婦所持ノ腕時計紛

取ニ基因シ兩者紛争シ慰安婦大石八日系

婦人宅ニ押掛ケ侮辱的言辞ヲ弄シタルハ

思想半月报（10月前期）

东宪高第八〇七号《思想半月报》(10月前期)，昭和十七年 (1942年) 10月18日，记载日本籍慰安妇和朝鲜籍慰安妇因手表失窃发生纠纷。

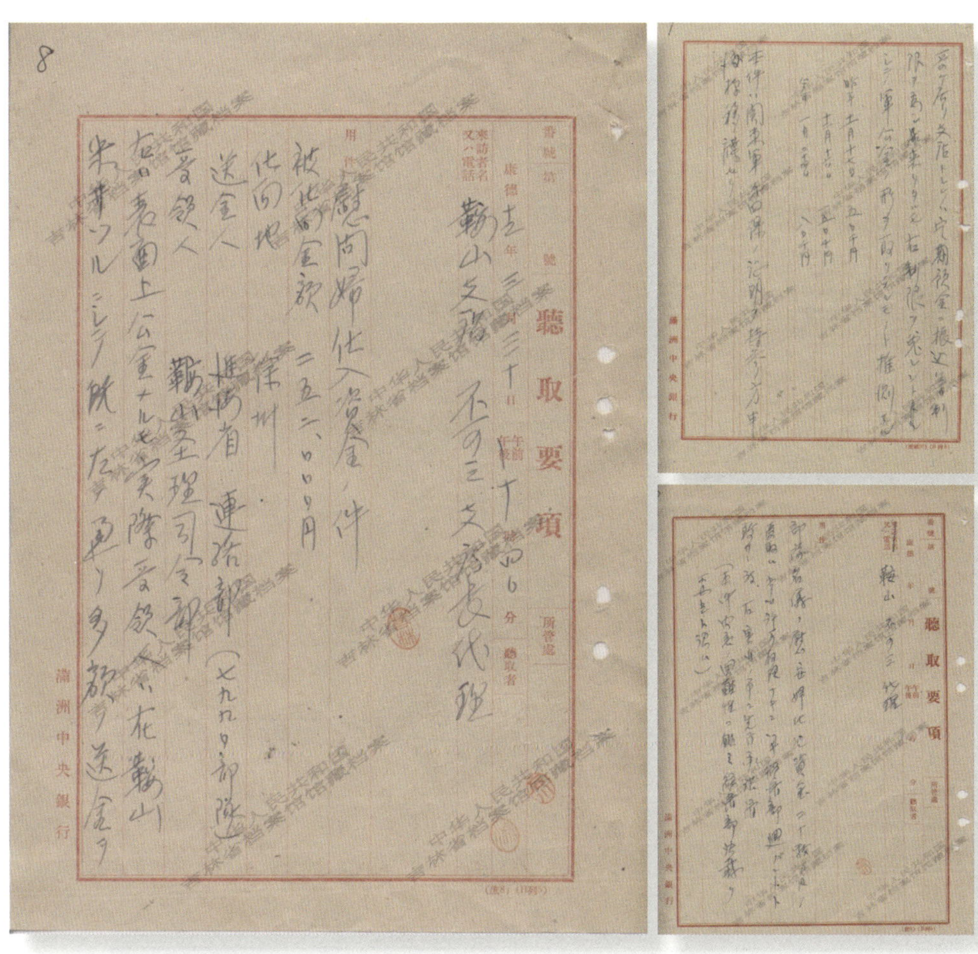

函电

《经济部、满洲中央银行、奉天、牡丹江、鞍山支店及日本大使馆等对领事馆经费、旅费、慰安妇采购资金等函电》，显示日军用公款有组织地征集慰安妇。

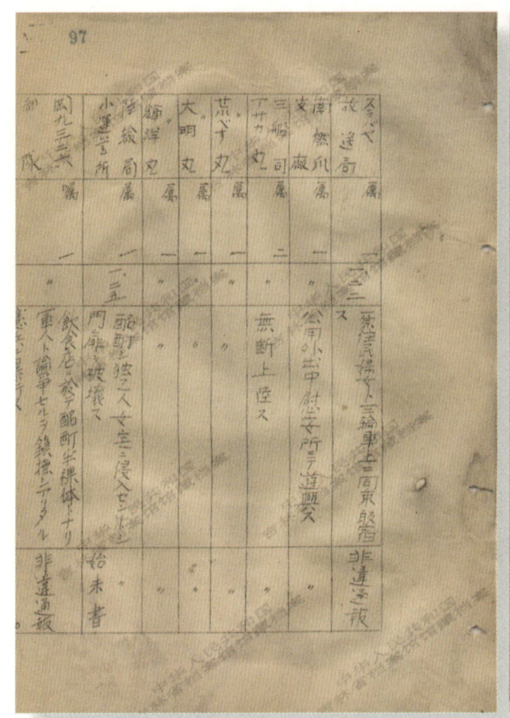

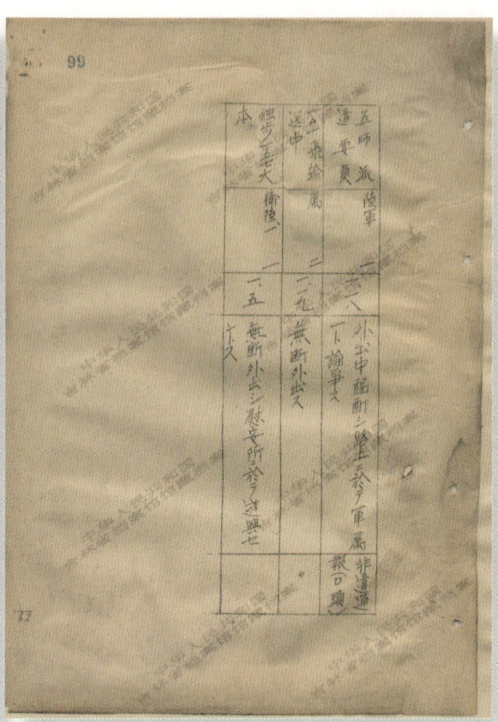

关于宪兵月报（1 月）之件报告（通牒）

爪哇宪兵队《关于宪兵月报 (1 月) 之件报告 (通牒)》，昭和十九年 (1944 年) 3 月 5 日，记载士兵无故外出和利用公出到慰安所游玩。

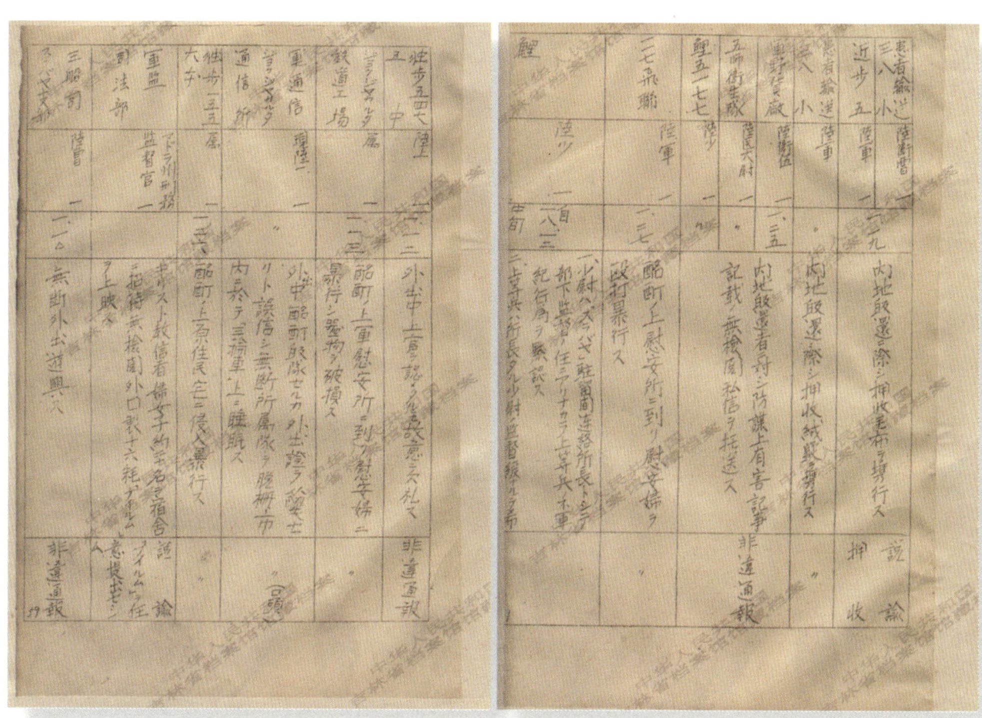

关于宪兵月报（1月）之件报告（通牒）

爪哇宪兵队《关于宪兵月报（1月）之件报告（通牒）》，昭和十九年（1944年）3月5日，记载士兵酒后到慰安所并殴打慰安妇、损坏器物。

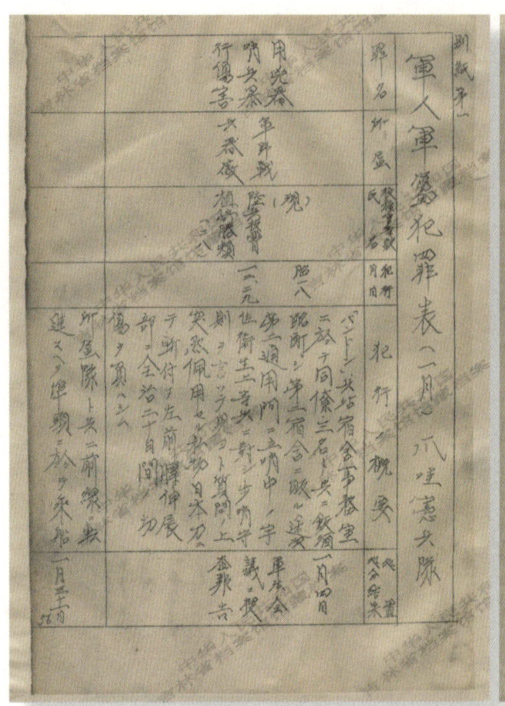
別紙第一
軍人軍属犯罪表（一月分）爪哇憲兵隊

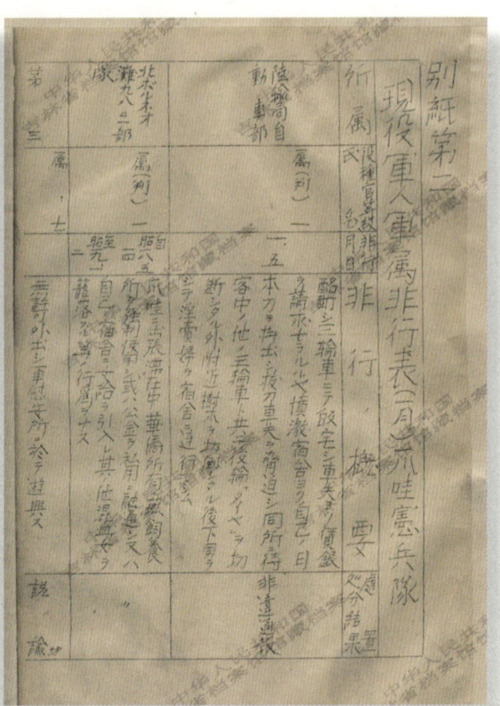
別紙第二
現役軍人軍属非行表（一月分）爪哇憲兵隊

关于宪兵月报（1月）之件报告（通牒）

爪哇宪兵队《关于宪兵月报 (1月) 之件报告 (通牒)》，昭和十九年 (1944年) 3月5日，记载士兵未经允许到慰安所游玩，以及在禁止外出的情况下到慰安所游玩以致耽误出船时间等。

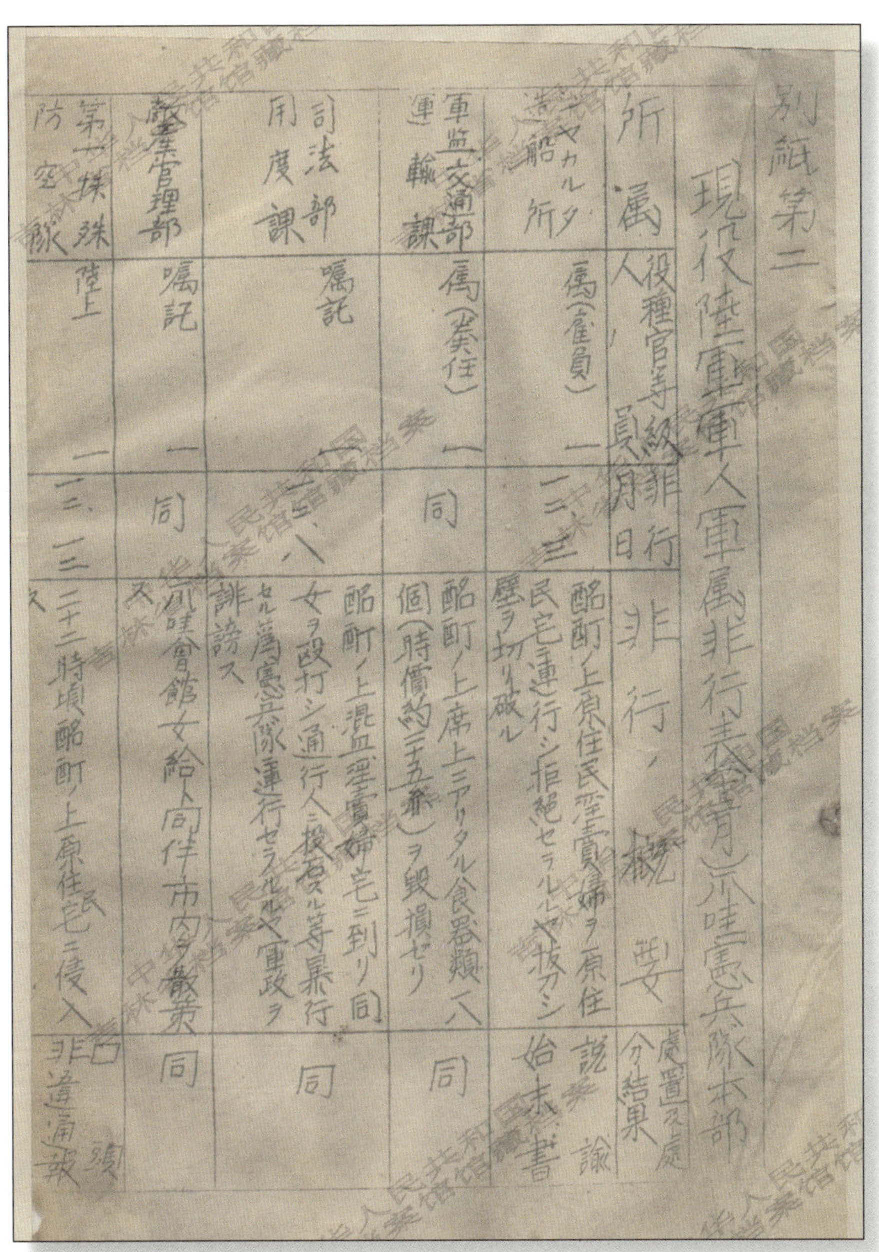

別紙第二

現役陸軍軍人軍属非行表（[illegible]月）爪哇憲兵隊本部

所属	役種官等級 人ノ	非行月日	非行ノ概要	処置及処分結果
ジャカルタ造船所	属（雇員）	一二、三	酩酊ノ上原住民淫売婦ヲ原住民宅ニ連行シ拒絶セラルルヤ抜刀シ壁ヲ切リ破ル	説諭始末書
軍監交通部運輸課	属（奏任）	同	酩酊ノ上席上ニアリタル食器類八個（時価約二十五盾）ヲ毀損セリ	同
司法部用度課	嘱託	一二、八	酩酊ノ上混血淫売婦宅ニ到リ同女ヲ殴打シ通行人ニ投石スル等暴行セル為憲兵隊ニ連行セラルルヤ憲兵ヲ誹謗ス	同
軍監産業管理部	嘱託	同	爪哇会館女給ト同伴市内ヲ散策	同
第十一特殊防空隊	陸上	一二、一三	二十二時頃酩酊ノ上原住民宅ニ侵入	非違通報

宪兵月报

《宪兵月报》，记载雇员酒后到慰安所游玩并对慰安妇施以暴行。

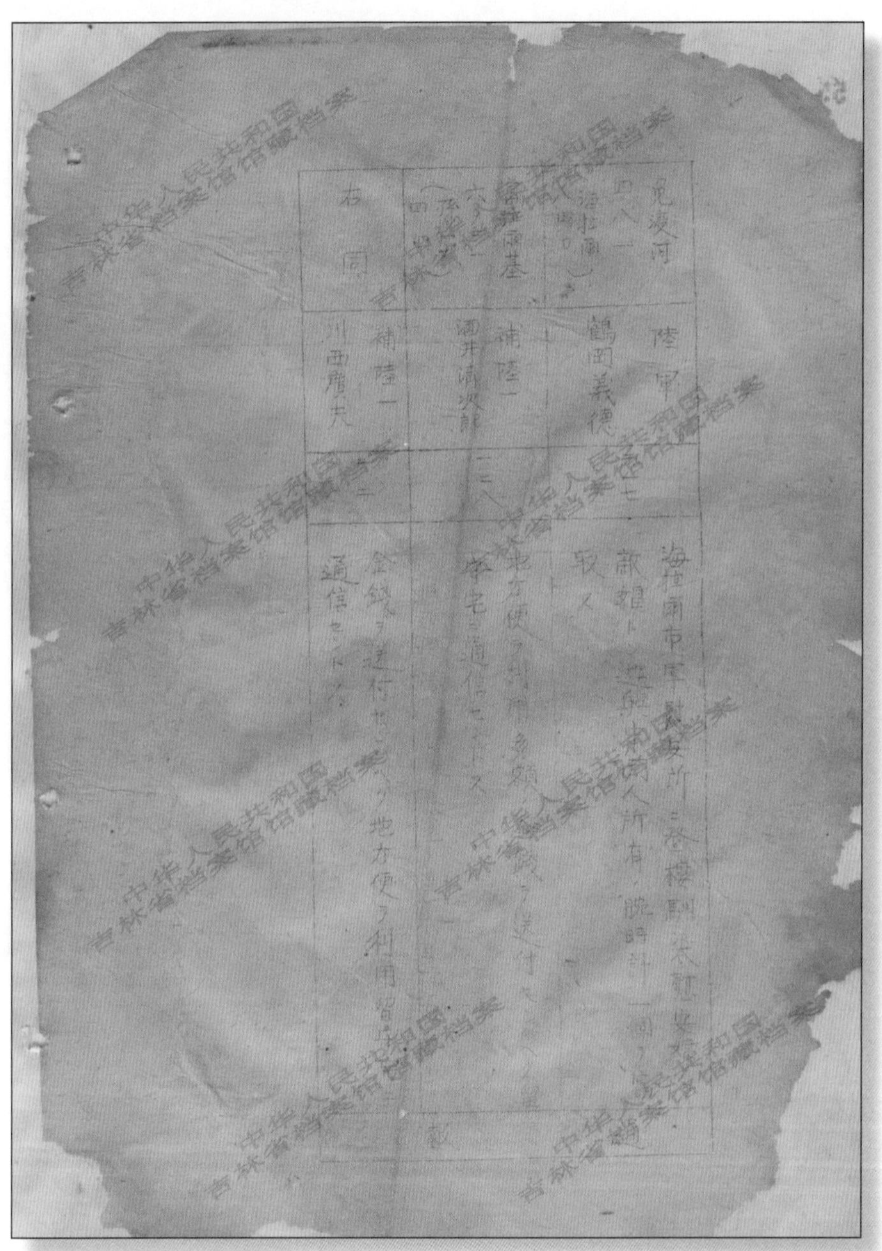

宪兵调查军人犯罪情况表

《宪兵调查军人犯罪情况表》，记载士兵到慰安所游玩并盗取手表。

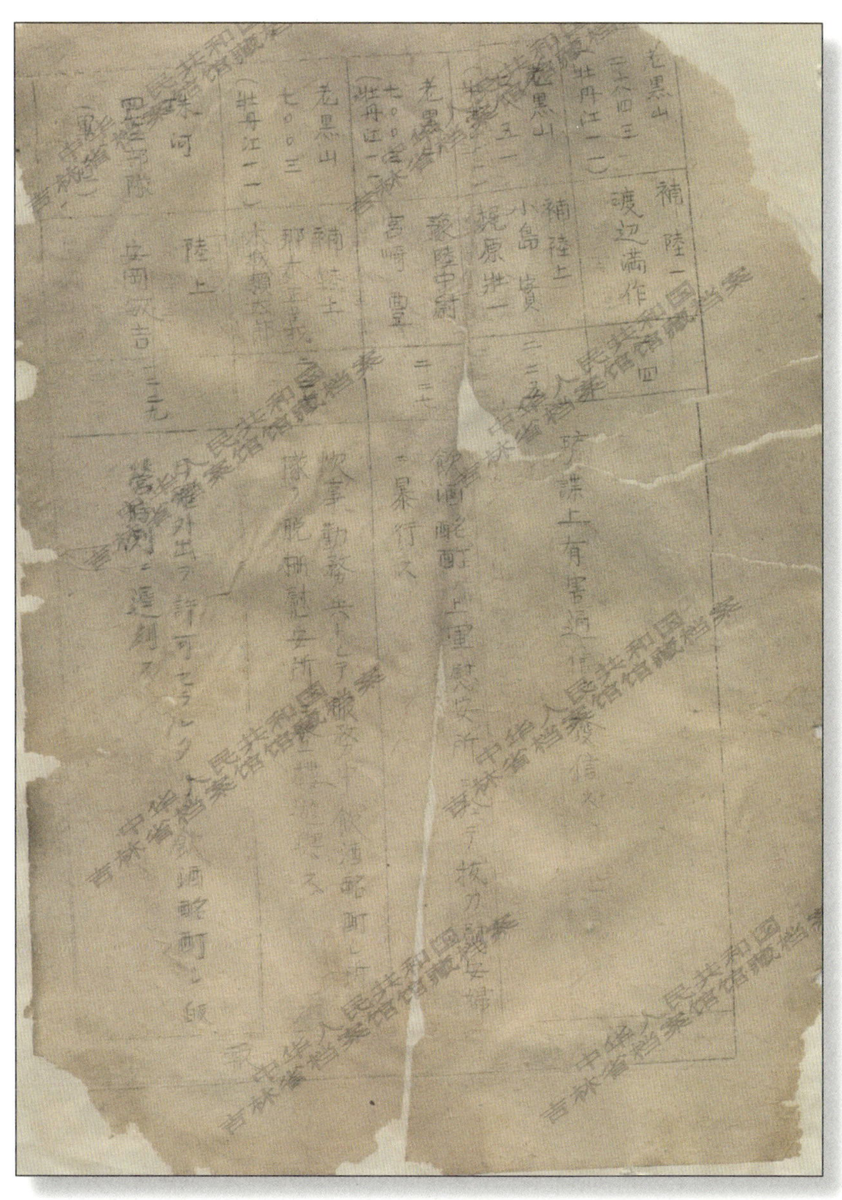

宪兵调查军人犯罪情况表

《宪兵调查军人犯罪情况表》，记载士兵酒后到慰安所游玩并拔刀对慰安妇施以暴行。

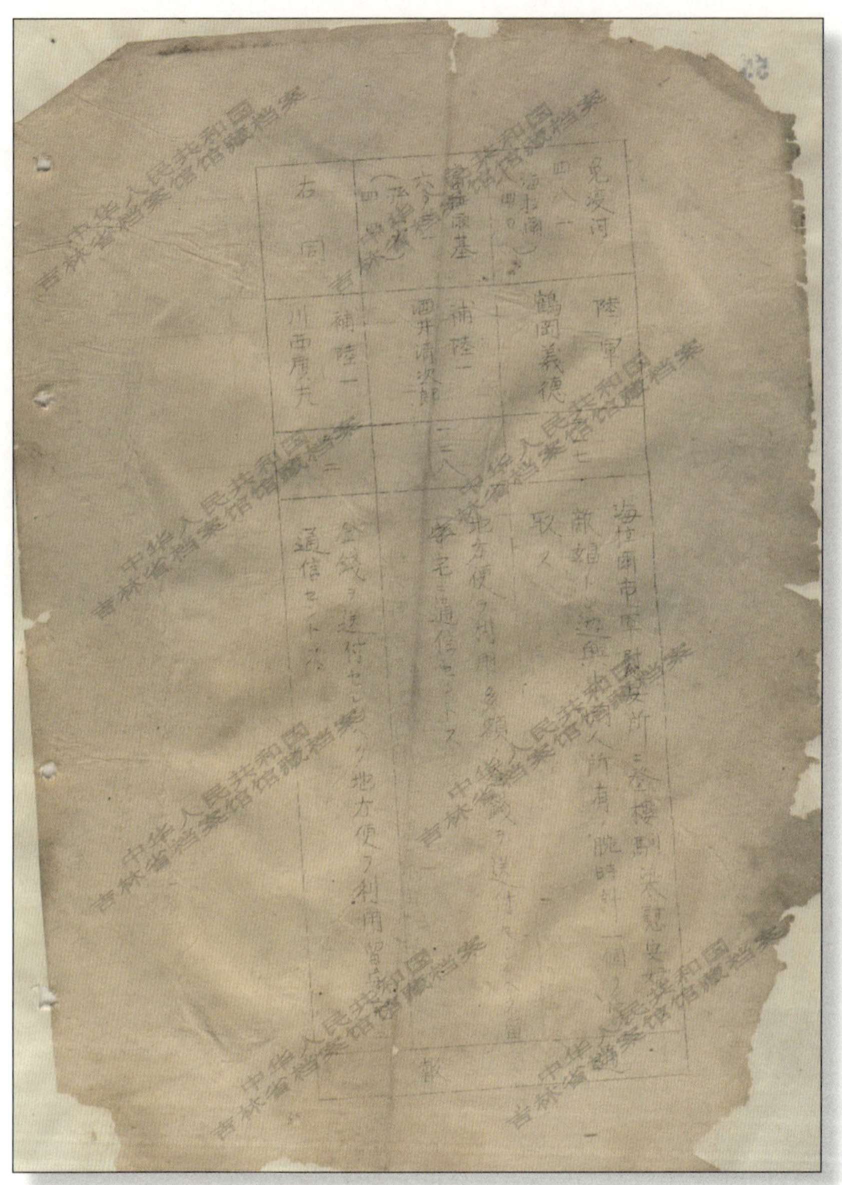

宪兵调查军人犯罪情况表

《宪兵调查军人犯罪情况表》，记载士兵利用公出之便，获取延时外出许可到慰安所游玩。

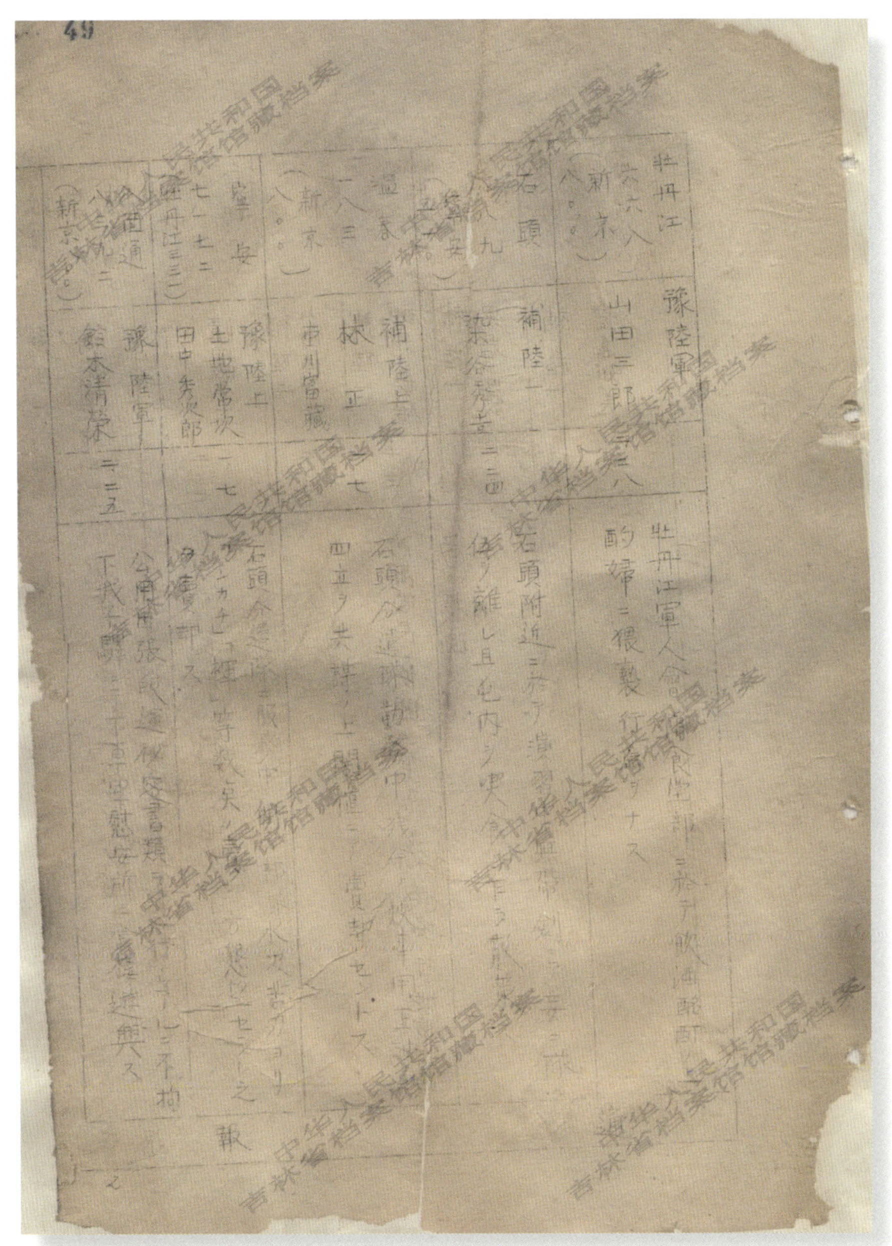

宪兵调查军人犯罪情况表

《宪兵调查军人犯罪情况表》，记载士兵在公出途中携带秘密资料到慰安所游玩。

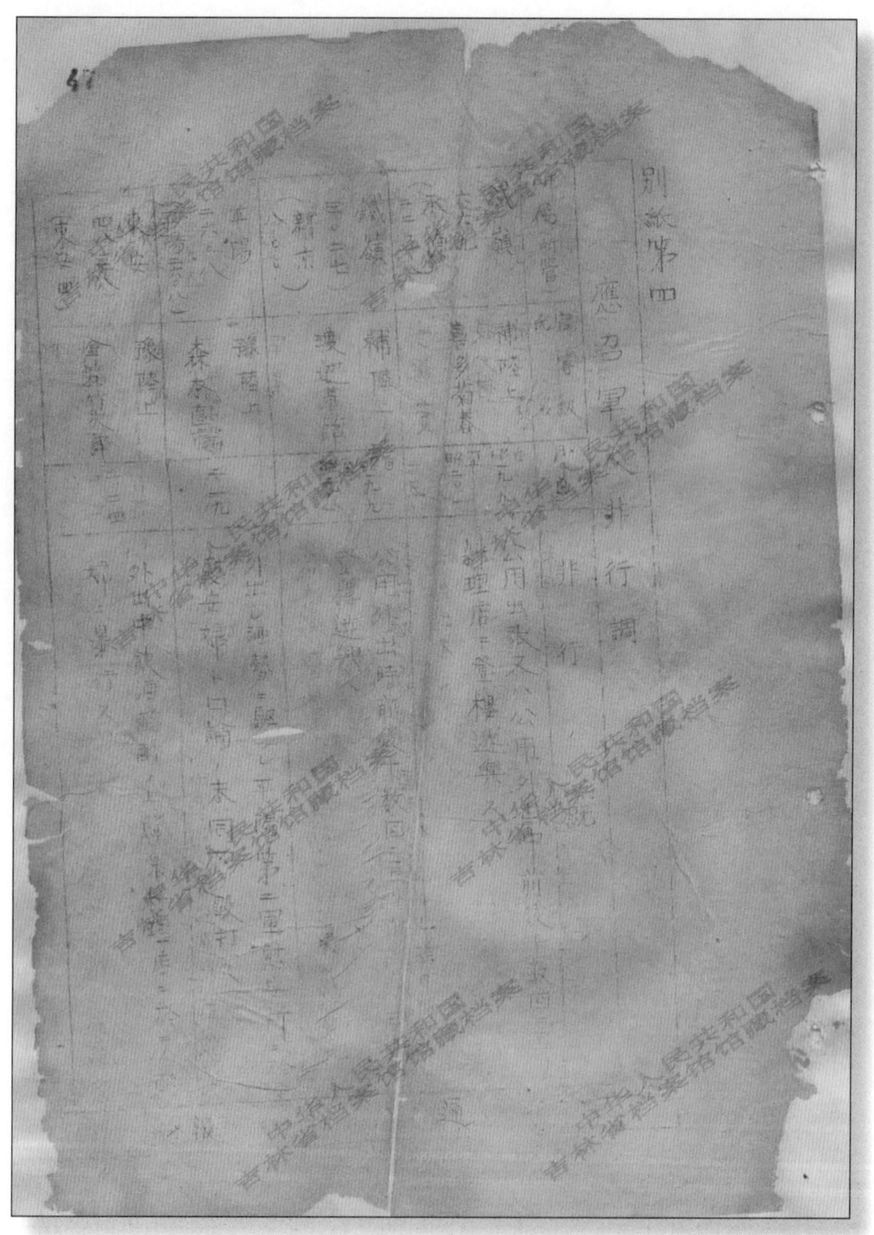
別紙第四

應召軍人非行調

宪兵调查军人犯罪情况表

《宪兵调查军人犯罪情况表》，记载士兵与慰安妇争执并殴打慰安妇。

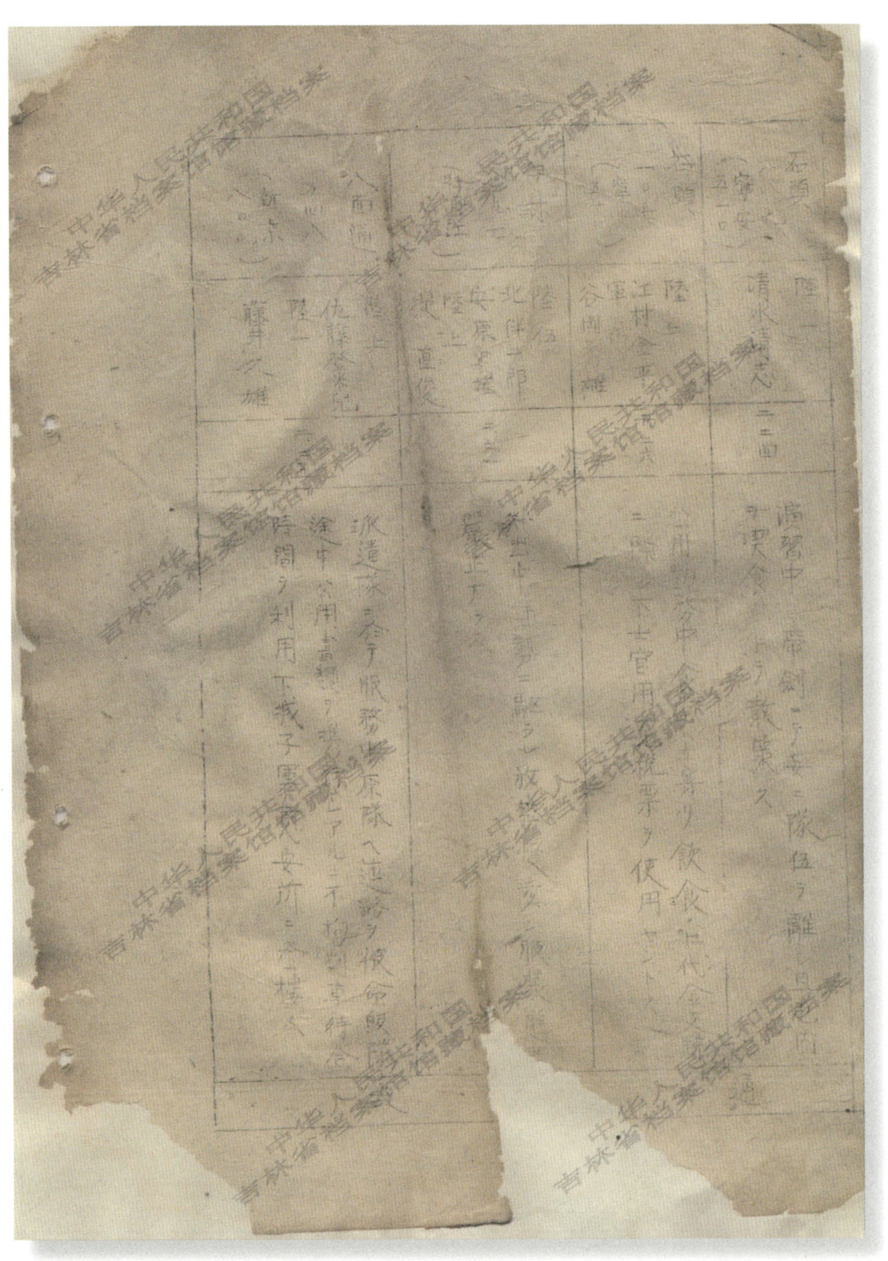

宪兵调查军人犯罪情况表

《宪兵调查军人犯罪情况表》，记载士兵在归途中随身携带秘密资料到慰安所游玩。

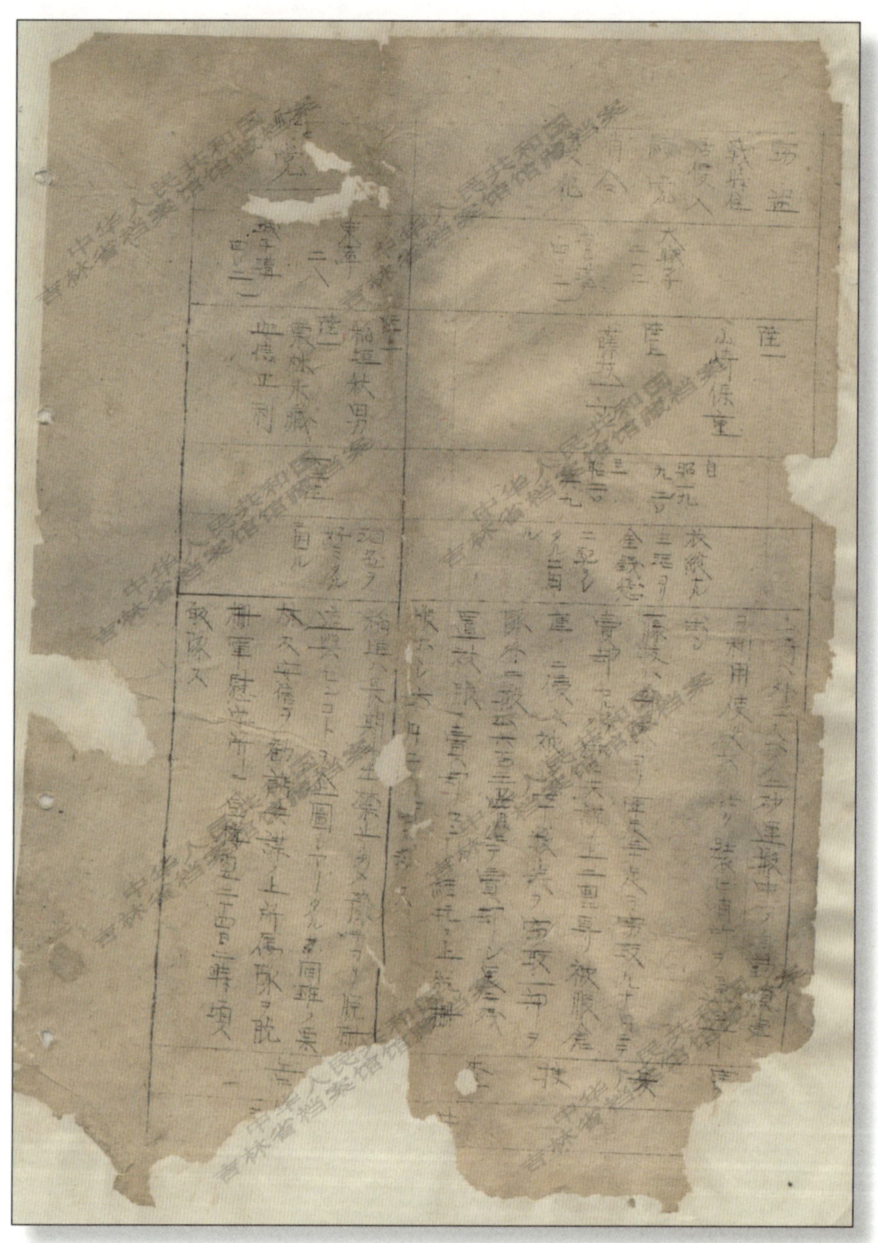

宪兵调查军人犯罪情况表

《宪兵调查军人犯罪情况表》，记载士兵翻墙进入慰安所游玩。

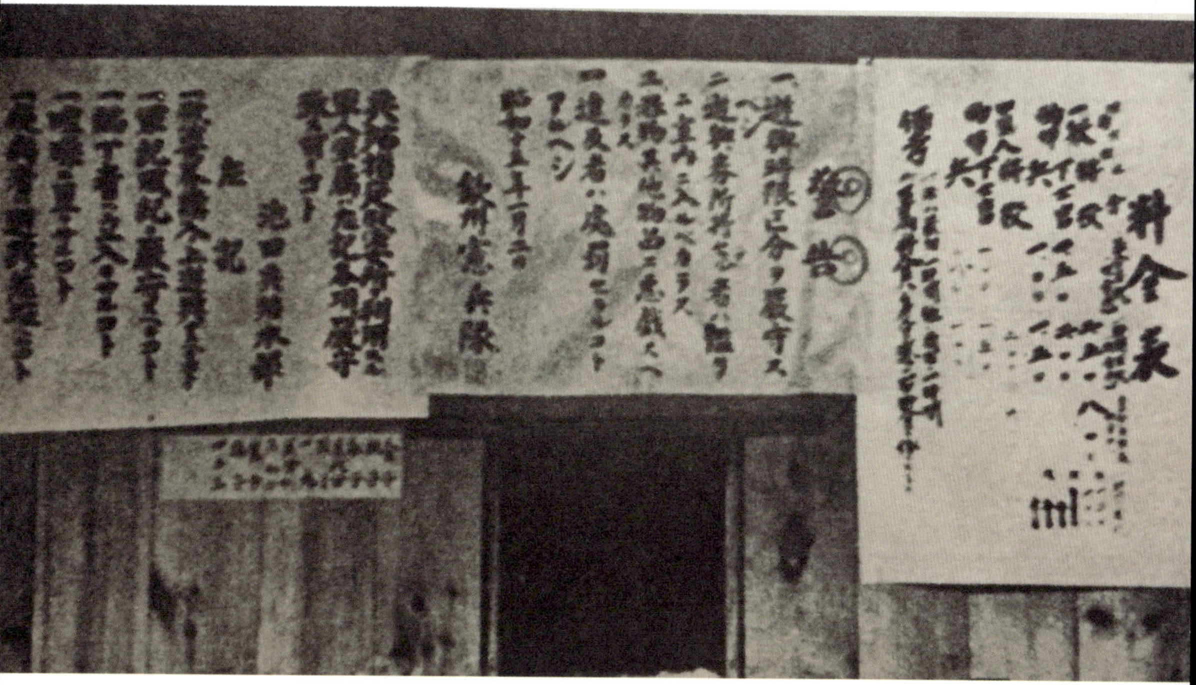

日军可谓走到哪里，便把慰安所开到哪里。这是日军在广西钦州开办的慰安所，开业前特意贴出了明确清晰的收费标准和警告信息。

照片来源：《一亿人的昭和史》

一队日军士兵在慰安所前排队。

照片来源：《一亿人的昭和史》

13年1月　上海楊家宅に開かれた軍直営の慰安所第1号　小部屋がならぶ長屋式の建物の前で兵隊たちは順番を待った　許される時間は1人30分のみ　数ヵ月たって民営に移管された　女性は120名いた

兵站司令部で考えた慰安所規則　兵隊は午前10時から午後5時まで下士官・軍属は午後1時から同9時までとなっていた　料金はともに30分2円　「サック使用セザル者ハ接婦ヲ禁ズ」の文句も見える

日军慰安所内景

照片来源：《一亿人的昭和史》

日军慰安所内的慰安妇检查台，用于日常检查和放置避孕装置，以及对怀孕慰安妇实施流产手术。由于条件简陋，经常有慰安妇死于流产过程。在华北日军中一直流传着山本队长的传说，据说这名日军军官就是因为相爱的慰安妇怀孕并死于流产过程中，愤而投奔了八路军。

照片来源：《一亿人的昭和史》

日军慰安所（南京）大门即景

照片来源：私人收藏

一名从慰安所出来，正在整理衣裙的慰安妇。在紧张之时，一名慰安妇一天要接客超过 30 名。

照片来源：《一亿人的昭和史》

日军用卡车转运“慰安妇”。

在黑龙江宝清慰安所的四名朝鲜籍慰安妇，表情戚伤。

照片来源：铃木《在满纪念》

即便从日本本土征集的慰安妇，也不乏被欺骗而来的。这是当时留下的一枚慰安妇照片，据说是在来中国进行所谓服务前所摄，她显然对自己的命运并无真正的认识。

照片来源：私人收藏

日军军官押送慰安妇前往慰安所。

照片来源：铃木《在满纪念》

档案中可见日本籍慰安妇与朝鲜籍慰安妇之间的争端，事实上，在日军的慰安所中，慰安妇也分不同等级，日本籍的慰安妇可以欺凌其他国家的慰安妇。图为芜湖慰安所的日本籍慰安妇。

照片来源：《中支作战写真帖》

在滇缅战场上被中国军队解救的慰安妇。这些慰安妇多为从朝鲜等地强征而来，战事危急时日军甚至要先将她们杀害，只有部分慰安妇得以乘乱脱逃。

照片来源：《菊与龙》

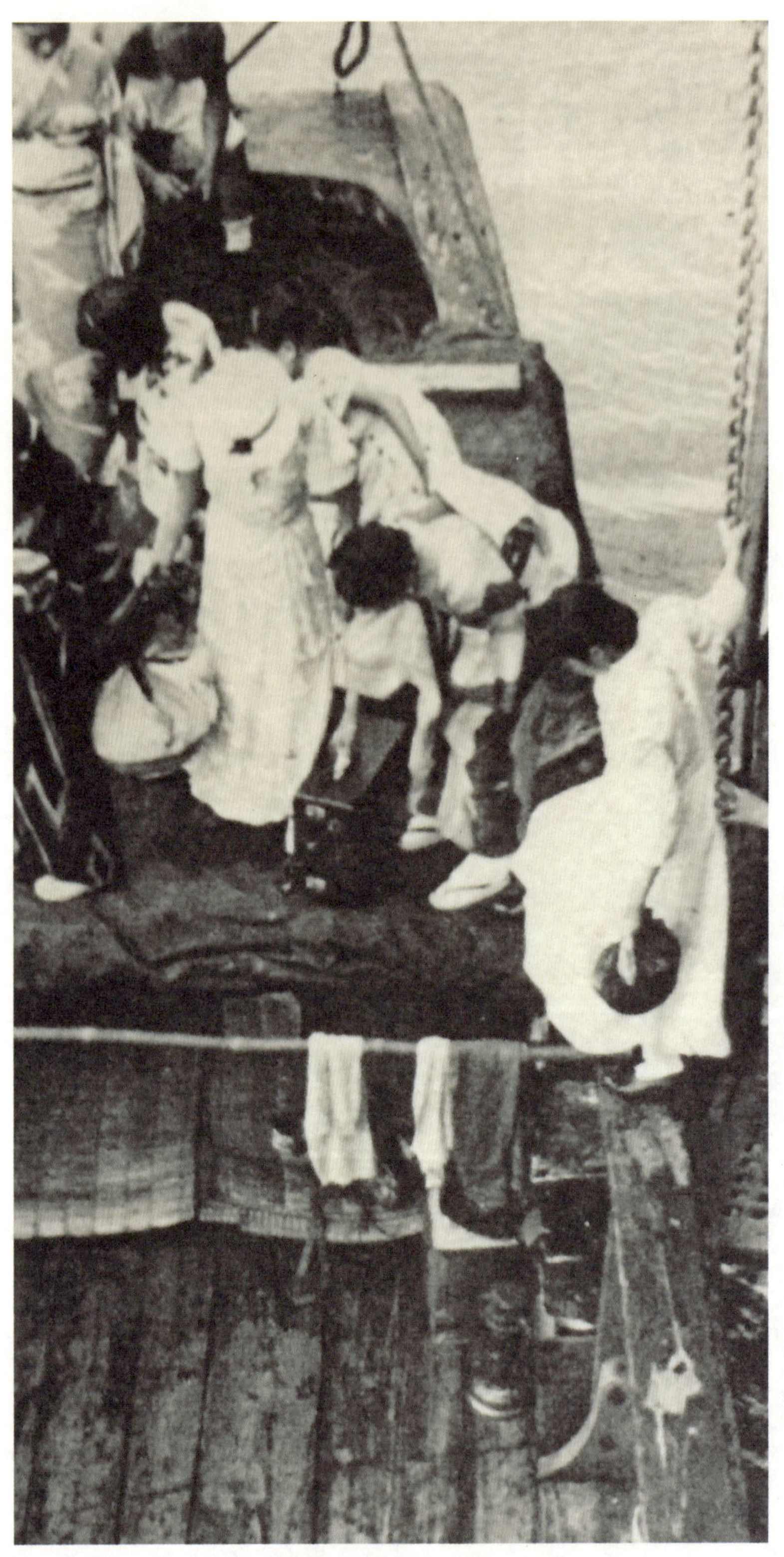

正在码头换小船准备登岸的慰安妇。战争后期，由于对慰安妇的需求越来越多，日军开始不再从本土和朝鲜运来慰安妇，而是在战区就地强制征发慰安妇。这也使得今天对日军慰安妇问题的愤怒扩展到全球范围。

照片来源：

《不许可写真集》

日军开办慰安所，多是与军队上层关系密切的商人所为。他们通过这样的生意而腰缠万贯，以至于档案中记载他们邮寄的钱太多，会引来宪兵的注意。

照片来源：《一亿人的昭和史》

一家从北京招来多名高级慰安妇的慰安所刚刚开业，日军军官已经闻风而至。

照片来源：
《一亿人的昭和史》

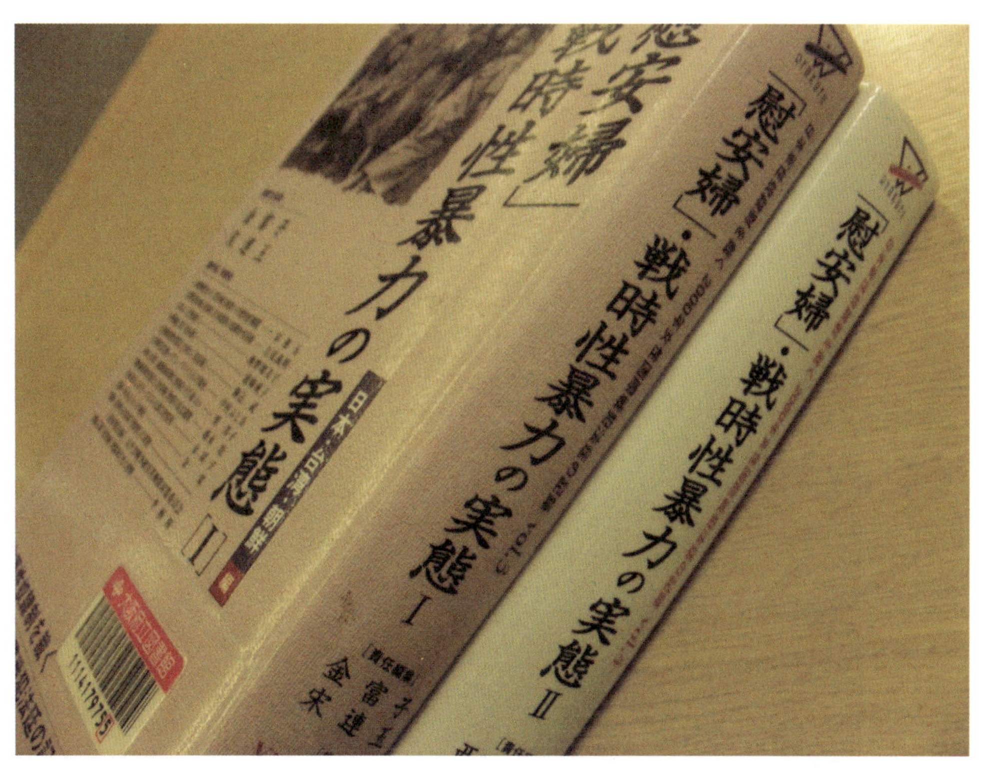

日本出版的关于慰安妇问题的研究专著。这一问题也越来越受到日本普通民众的关注。

在妈妈桑的指挥下进入慰安所的慰安妇，从服装上看多是来自朝鲜。

照片来源：《一亿人的昭和史》

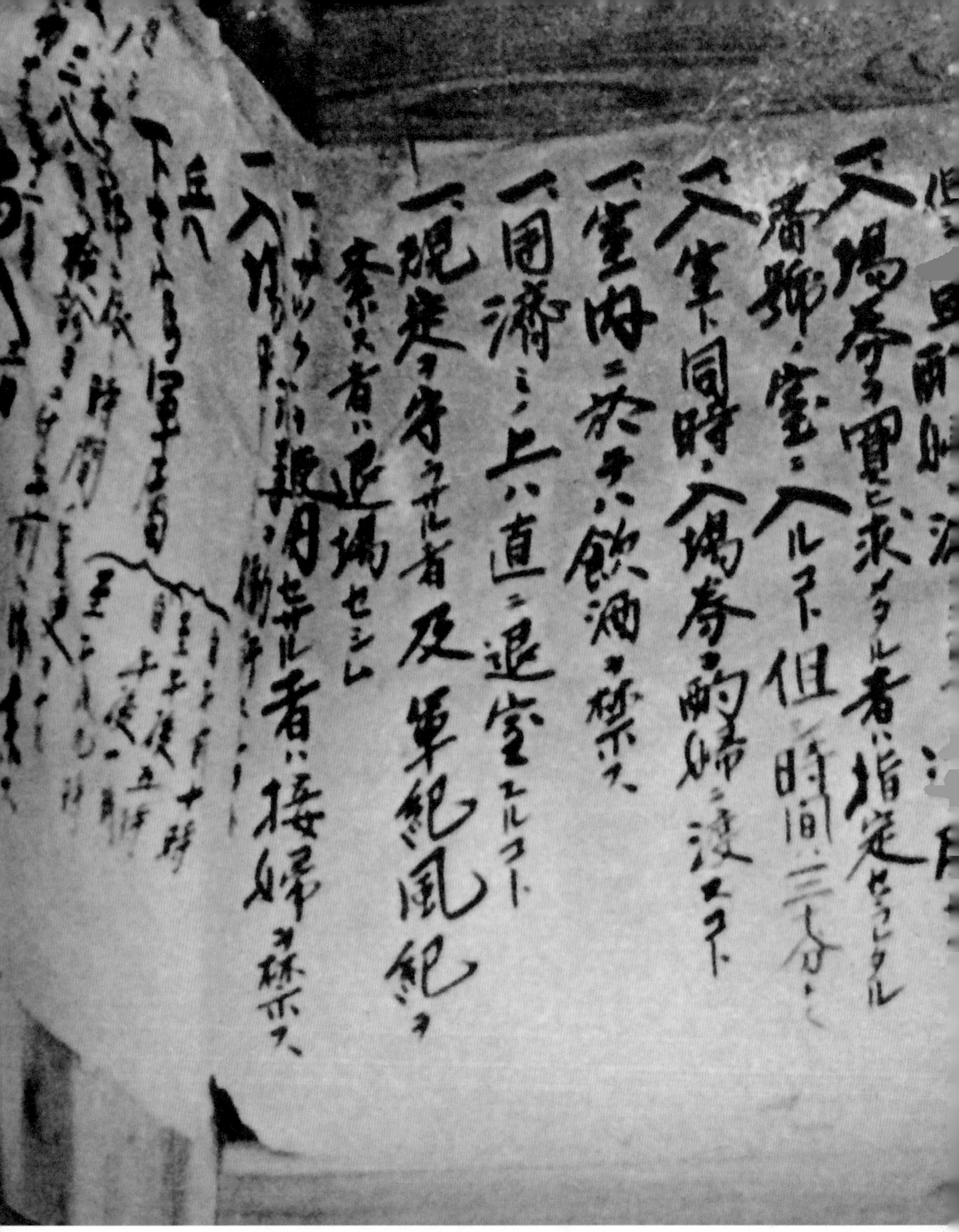

一、入場券ヲ買ヒ求メタル者ハ指定セラレタル番號ノ室ニ入ルコト但シ時間ハ三十分トス
一、入室ト同時ニ入場券ヲ酌婦ニ渡スコト
一、室内ニ於テハ飲酒ヲ禁ズ
一、用済ミノ上ハ直ニ退室スルコト
一、規定ヲ守ラザル者及軍紀風紀ヲ紊ス者ハ退場セシム
一、サックヲ用ヰザル者ハ接婦ヲ禁ズ

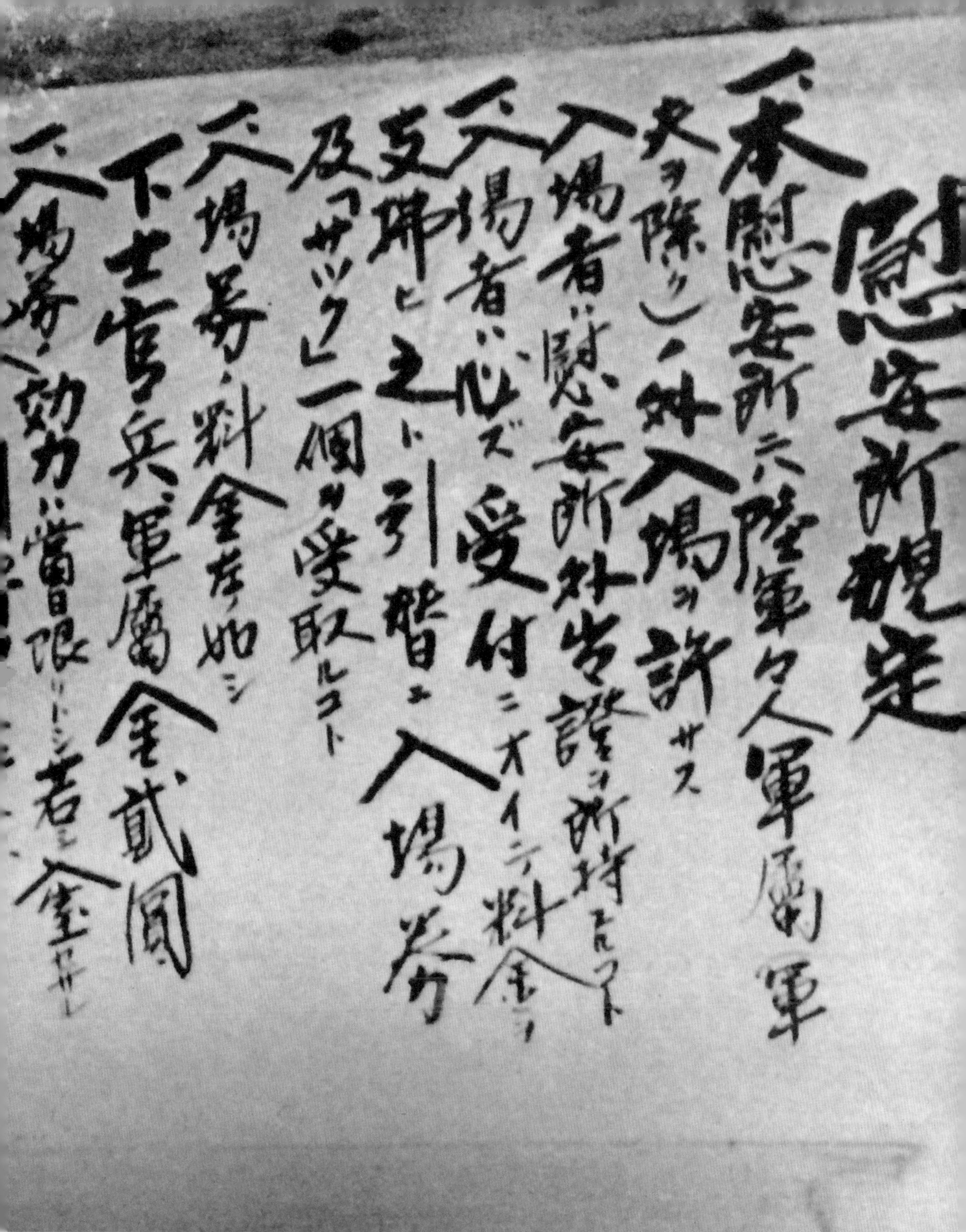

慰安所規定
一、本慰安所ハ陸軍軍人軍属（軍夫ヲ除ク）ノ外入場ヲ許サス
一、入場者ハ慰安所外出證ヲ所持スルコト
一、入場者ハ必ス受付ニ於イテ料金ヲ支拂ヒ之ト引替ニ入場券及「サック」一個ヲ受取ルコト
一、入場券ノ料金左ノ如シ
下士官兵軍属金貳圓
一、入場券ノ効力ハ當日限リトシ若シ入室セサレ

档案中有多件涉及慰安所内纠纷的记载。日军高层也注意到慰安所对于日军及其附庸有着极强的诱惑力，所以设置了严格的规定来维持其秩序。

照片来源：《菊与龙》

08

南京惨案

08 南京惨案

1937 年 12 月 13 日，侵华日军占领南京。在之后的 6 个星期里，日本军队使用各种惨绝人寰的手段，在南京杀害中国平民和被俘军人达 30 万人以上。然而多年来，在日本国内，一直有人企图缩小南京大屠杀的数字，甚至否认这一罪行。

吉林省档案馆公布的日军遗留档案中，也有关于南京大屠杀的记录。档案显示，南京大屠杀前后两个半月内，南京地区人口从 113 万降至 34.5 万，减少了 78.5 万。

这份档案是 1938 年 2 月 19 日和 28 日由日军华中派遣宪兵队司令官大木繁上报给关东军司令部的两份《关于南京宪兵队辖区内治安恢复状况的报告》。报告中显示了“事变前后的人口对比”:“事变前”，南京人口是 100 万人（不含下关），到“本旬”（2 月 28 日），共计“归还”（返回）人口 33.5 万人；下关人口原是 13 万，后“归还”1 万人。

而该馆所藏的另一份 1937 年 12 月 23 日的《大阪每日新闻奈良版》中，随军光本本社特派员的文章《南京总攻击观战记》这样记录：“记者来到中正路西侧地方，这里近十万名难民正稀稀落落地陆续归来……经助川部队和海军扫荡的尸体从这条街到扬子江下游，绵延二三里远。”

南京大屠杀发生前后，南京地区人口减少 78.5 万，为日军在南京的暴行增添了新的证据。尽管这 78.5 万人中不排除有一部分逃到了外地，但大屠杀前后南京人口大幅度减少是不争的事实，是证明南京大屠杀的有力佐证。而这批档案出自日本关东军，可以更客观地证明日军侵华时犯下的罪行。

2014 年 2 月 25 日，十二届全国人大常委会第七次会议审议全国人大常委会关于确定中国人民抗日战争胜利纪念日的决定草案和全国人大常委会关于设立南京大屠杀死难者国家公祭日的决定草案。

关于设立南京大屠杀死难者国家公祭日的决定草案的说明指出，1937 年 12 月 13 日，侵华日军在中国南京开始对我同胞实施长达 40 多天惨绝人寰的大屠杀，30 多万人惨遭杀戮，制造了震惊中外的南京大屠杀惨案。这一公然违反国际法的残暴行径，铁证如山，经第二次世界大战后设立的远东国际军事法庭和南京审判战犯军事法庭审判，早有历史结论和法律定论。设立南京大屠杀死难者国家公祭日，在国家层面举行公祭活动和相关纪念活动，是十分必要的。

说明强调，制定本决定是为了悼念南京大屠杀死难者和所有在日本帝国主义侵华战争期间惨遭日本侵略者杀戮的死难同胞，揭露日本侵略者的战争罪行，牢记侵略战争给中国人民和世界人民造成的深重灾难，表明中国人民反对侵略战争、捍卫人类尊严、维护世界和平的坚定立场。

2 月 27 日下午，十二届全国人大常委会第七次会议经表决通过了两个决定，分别将 9 月 3 日确定为中国人民抗日战争胜利纪念日，将 12 月 13 日确定为南京大屠杀死难者国家公祭日。

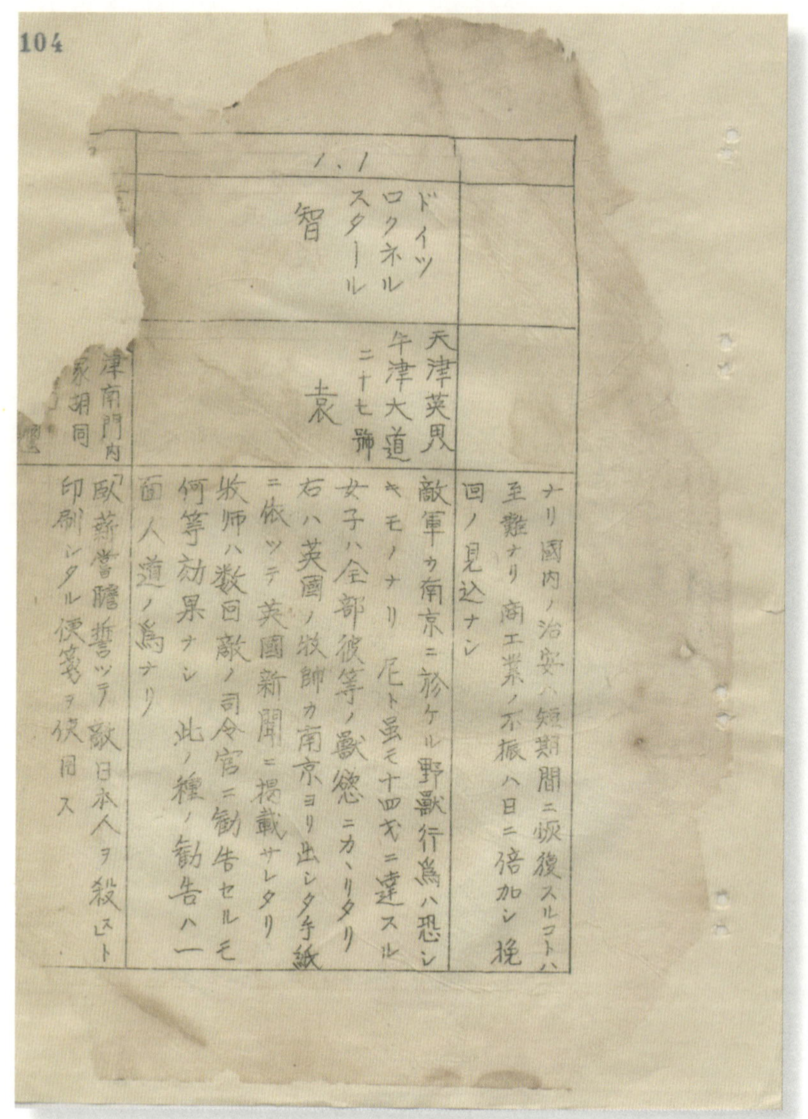
104

ナリ國内ノ治安ハ短期間ニ恢復スルコトハ至難ナリ商工業ノ不振ハ日ニ倍加シ挽回ノ見込ナシ

1.1

ドイツ ロクネル スタール 智

天津英界 牛津大道 二十七號 袁

敵軍カ南京ニ於ケル野獸行為ハ恐シキモノナリ尼ト雖モ十四才ニ達スル女子ハ全部彼等ノ獸慾ニカヽリタリ右ハ英國ノ牧師カ南京ヨリ出シタ手紙ニ依ッテ英國新聞ニ掲載サレタリ牧師ハ数回敵ノ司令官ニ勧告セルモ何等効果ナシ此ノ種ノ勧告ハ一面人道ノ為ナリ

津南門内 承羽同

臥薪嘗膽誓ッテ敵日本人ヲ殺スト印刷シタル便箋ヲ使用ス

邮政检阅周报

日军中国驻屯宪兵队《邮政检阅周报》，记载了昭和十三年（1938 年）1 月 1 日德国劳特尔斯泰因（巴符州）署名为智的人写给天津英界牛津大道二十七号袁氏的信件摘抄，记录了日军在南京的禽兽行为令人发指，连尼姑在内，年满 14 岁的女子全部被他们的兽欲所害。

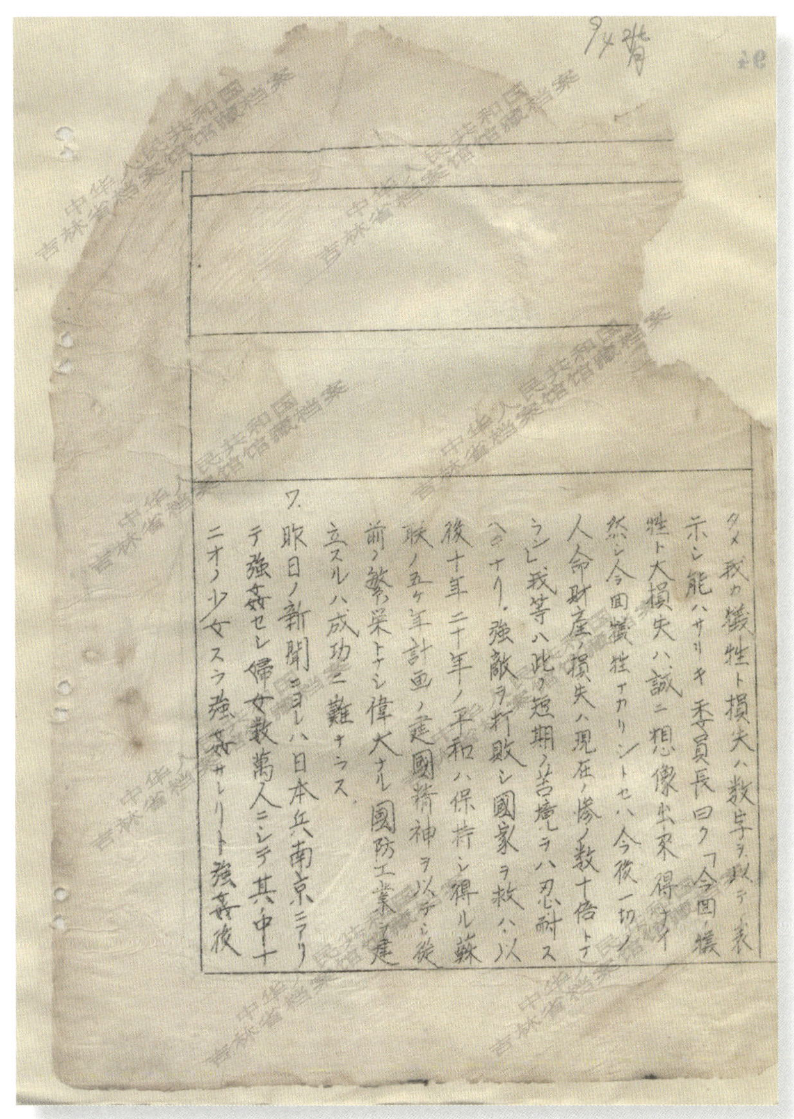

94背

タメ我カ犠牲ト損失ハ数字ヲ以テ表
示シ能ハサリキ委員長曰ク「今回ノ犠
牲ト大損失ハ誠ニ想像出来得ナイ
然シ今回犠牲ナカリシトセハ今後一切ノ
人命財産ノ損失ハ現在ノ慘ノ数十倍トナ
ラン我等ハ此ノ短期ノ苦境ヲハ忍耐ス
ヘキナリ。強敵ヲ打敗シ國家ヲ救ハ以
後十年二十年ノ平和ハ保持シ得ル蘇
联ノ五ケ年計画ノ建國精神ヲ以テシ従
前ノ繁栄トナシ偉大ナル國防工業ヲ建
立スルハ成功ニ難ナラス」

7. 昨日ノ新聞ニヨレハ日本兵南京ニアリ
テ強姦セシ婦女数萬人ニシテ其ノ中ニ十
ニオノ少女スラ強姦サレリト強姦後

邮政检阅周报

日军中国驻屯宪兵队《邮政检阅周报》。档案记载了昭和十三年（1938年）一月二十九日赖（收信人的兄长）从英国伦敦写给湖南省宁乡县城侧石桥赖文麟的信件摘抄。其中第七项内容写道："据昨日报纸载文，日本兵在南京强奸妇女数万人，甚至连十二岁的少女也被强奸，强奸后被残杀者不可计数，实在是惨无人道。"

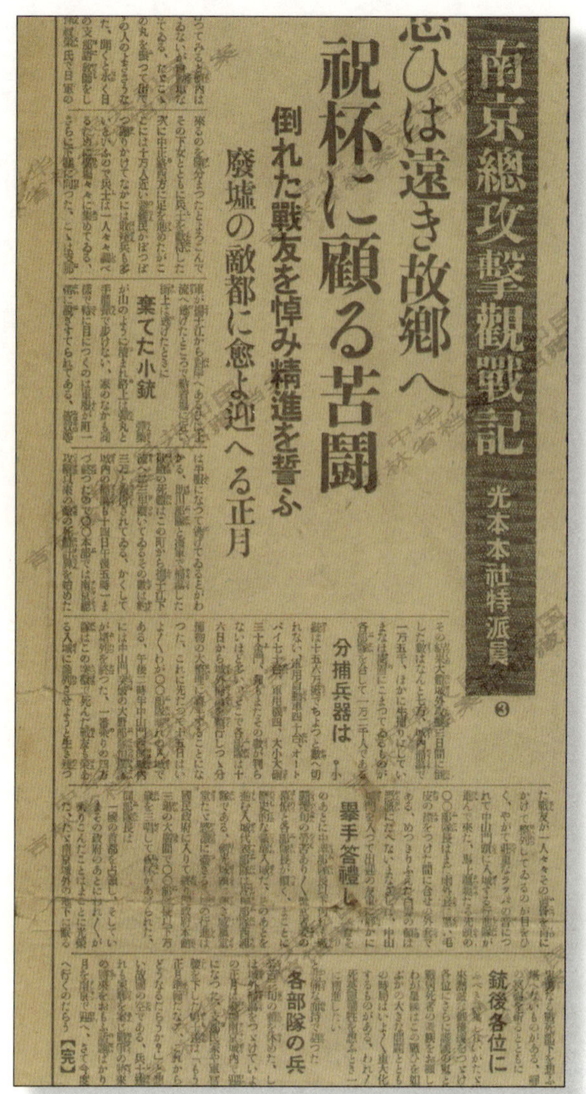

南京總攻撃觀戰記

光本本社特派員 ③

思ひは遠き故郷へ
祝杯に顧る苦闘

倒れた戰友を悼み精進を誓ふ

廢墟の敵都に愈よ迎へる正月

棄てた小銃

分捕兵器は

擧手答禮し

各部隊の兵

銃後各位に

【完】

南京总攻击观战记

《大阪每日新闻奈良版》光本本社特派员题为“南京总攻击观战记”的报道，记录了日军助川部队和海军的“扫荡”情况以及南京中正路到扬子江下游尸体绵延二三里远的惨状。

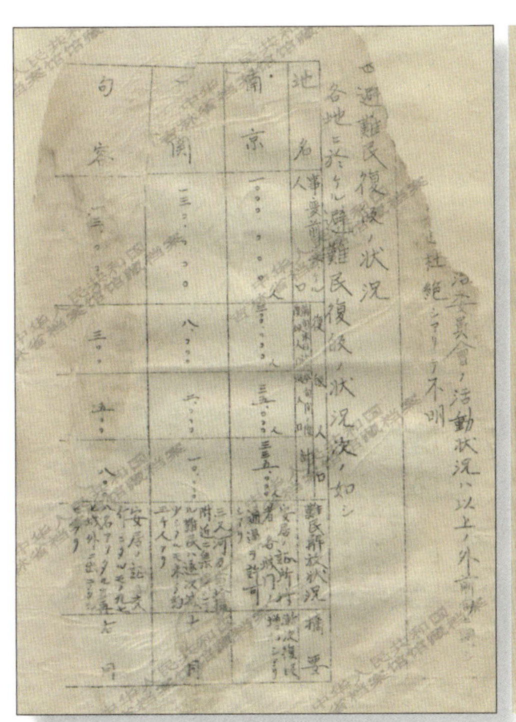

治安委員会ノ活動状況ハ以上ノ外……
……杜絶シアリテ不明

(四) 避難民復帰ノ状況
各地ニ於ケル避難民復帰ノ状況次ノ如シ

地名	事変前人口	復帰人口			難民解放状況	摘要
南京	一〇〇〇〇〇〇人	三〇〇〇〇〇人	三五〇〇〇〇人	三三五〇〇〇人	安居ノ証所持者ハ城門ノ通過ヲ許可シアリ	漸次復帰シアリ
下関	一三〇〇〇〇	八〇〇〇	六〇〇〇	一〇〇〇〇	三叉河附近ニ集合シアル難民ハ逐次[illegible]十人アリ	同上
句容	一二〇〇〇	三〇〇	五〇〇	八〇〇	安居ノ証[illegible]	同上

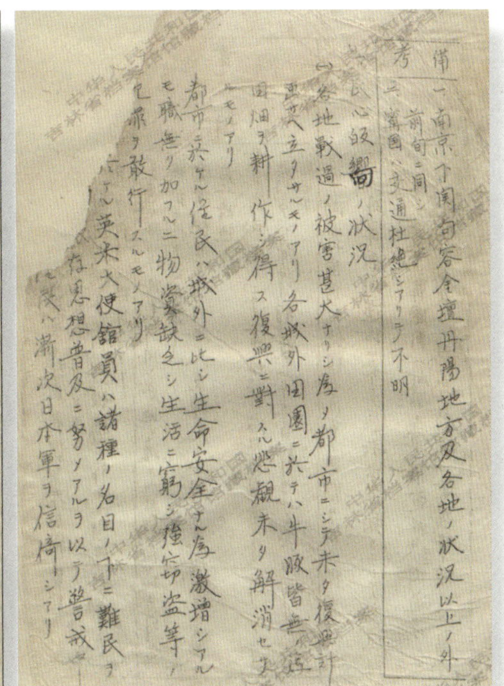

備考
一、南京下関句容金壇丹陽地方及各地ノ状況以上ノ外
二、前旬ニ同シ
蕪湖ハ交通杜絶シアリテ不明

(七) 民心ノ帰嚮ノ状況
(一) 各地戦禍ノ被害甚大ナリシ為メ都市ニシテ未タ復興計画ヘ立タサルモノアリ各城外田園ニ於テハ牛豚皆無ニ近ク田畑ヲ耕作シ得ス復興ニ対スル悲観未タ解消セサルモノアリ
都市ニ於ケル住民ハ城外ニ比シ生命安全ナル為メ激増シアルモ職無ク加フルニ物資欠乏シ生活ニ窮シ強窃盗等ノ犯罪ヲ敢行スルモノアリ
[illegible]在ル英米大使館員ハ諸種ノ名目ノ下ニ難民ヲ[illegible]抗日思想普及ニ努メアルヲ以テ警戒[illegible]
[illegible]民ハ漸次日本軍ヲ信倚シアリ

关于南京宪兵队辖区治安恢复状况的调查报告（通牒）

日军华中派遣宪兵队《关于南京宪兵队辖区治安恢复状况的调查报告（通牒）》，记载了昭和十三年（1938 年）2 月 11 日至 20 日南京及周边各市县的治安恢复情况。报告包括一般概况、警备保安机关的配置情况、自治委员会活动情况、难民返回情况、居民生活状况、文化设施恢复情况、民心归向情况、抗日团体（分子）及其中国方面残兵情况、民心不安现象、影响民心的主要事项、军队慰安所设立情况以及妨碍治安恢复因素及其对策意见、其他主要参考事项等 13 个方面。

日军冈本部队随坦克车冲破中华门，攻入南京城。

照片来源：《一亿人的昭和史》

南京城下被杀的累累遗尸。

照片来源：私人收藏

南京下关码头尸横遍野。

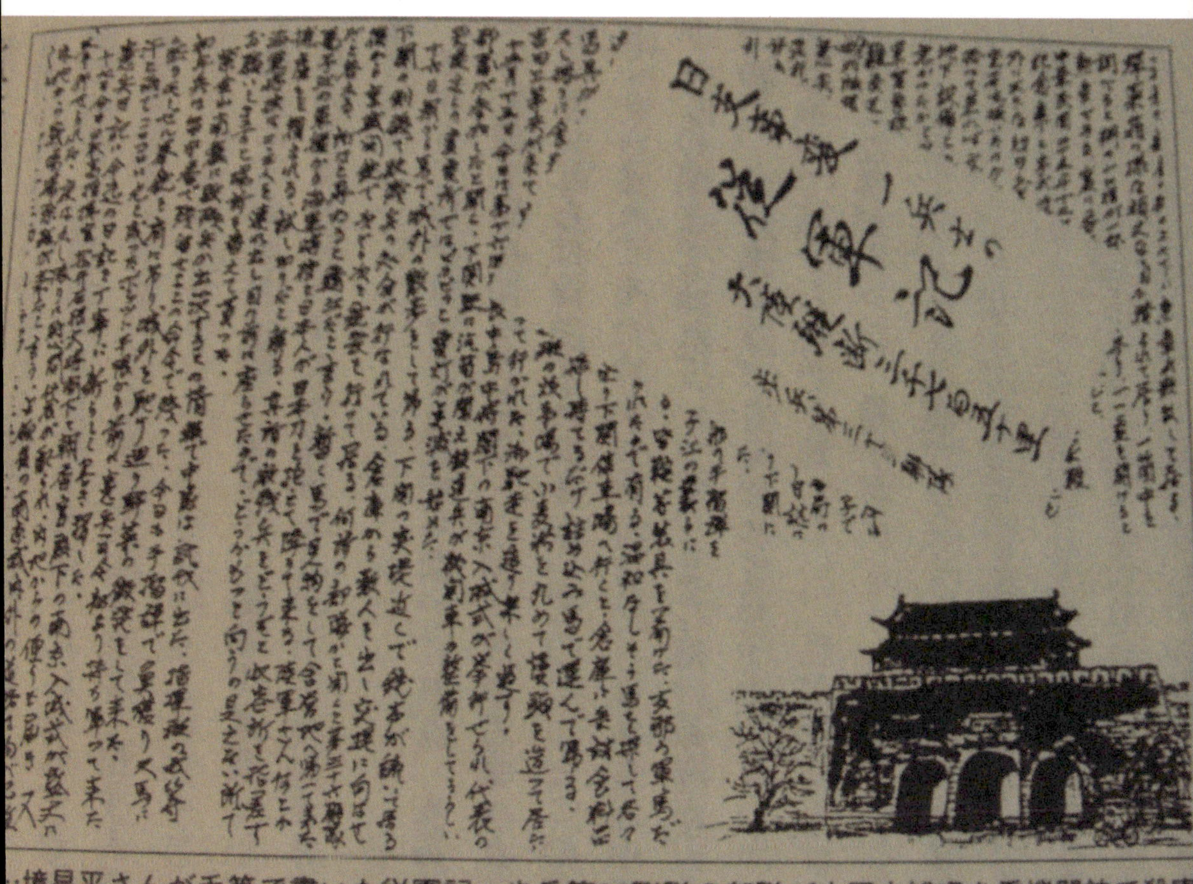

来自日方的关于南京大屠杀的有力证据：人们发现如今的松井石根日记居然是修改过的，问题是，原件哪儿去了？

照片来源：《南京战》

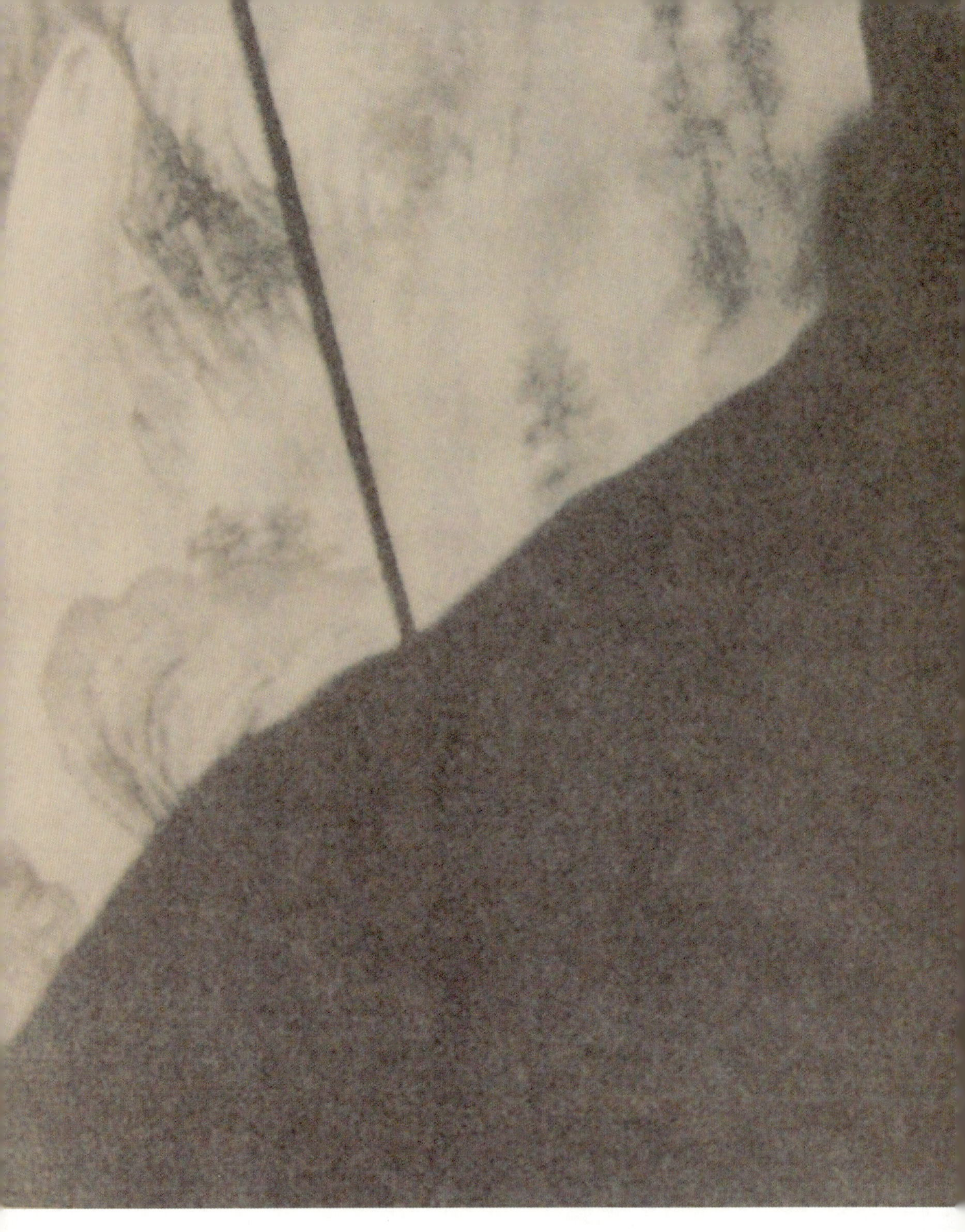

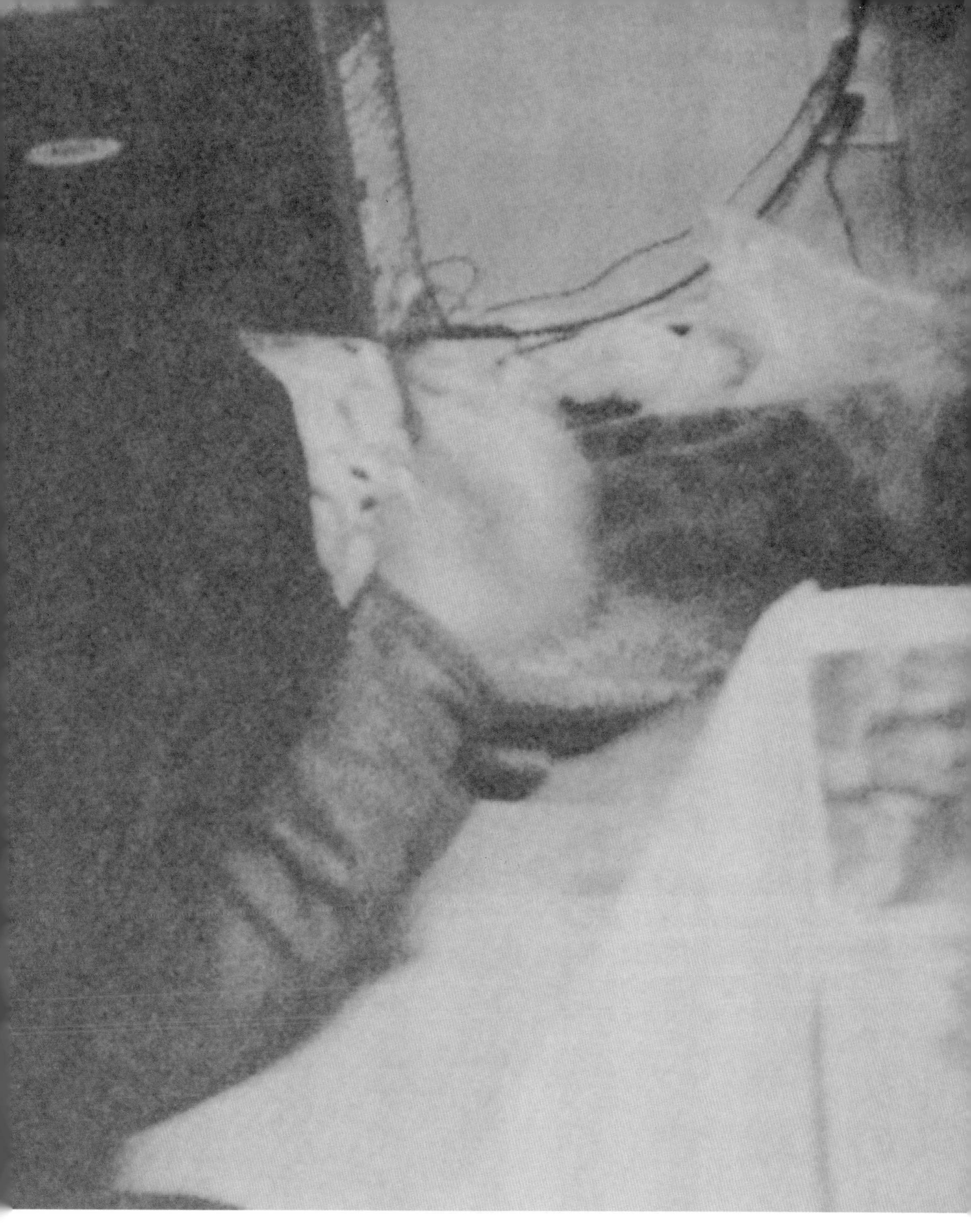

原日军步兵佐藤做出被枪打倒的姿势，模仿南京大屠杀中被日军机枪打死的中国人。

照片来源：《南京战》

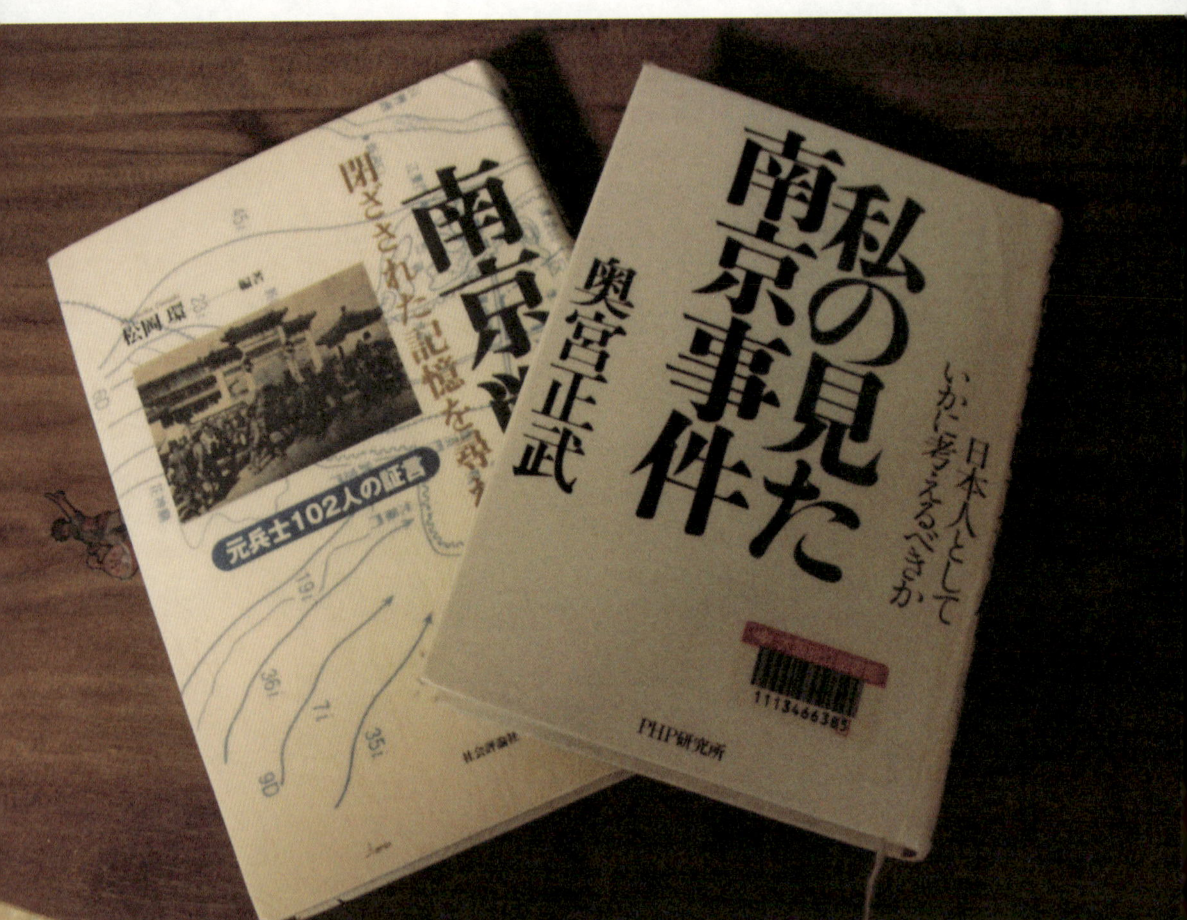

日本作家松岗环所写的《南京战》和奥宫正武所写的《我所见的南京事件》，是日本出版的相对客观的两本关于南京大屠杀的考据图书。